BAUEN UND RENOVIEREN MIT

FENG SHUI

RÄUME VERÄNDERN DAS LEBEN

BAUEN UND RENOVIEREN MIT

FENG SHUI

RÄUME VERÄNDERN DAS LEBEN

OLIVIA MOOGK

BLOTTNER VERLAG

INHALTSVERZEICHNIS

FENG SHUI EINE GLAUBENSFRAGE?

Feng Shui hat nichts mit einer Glaubensrichtung zu tun. Es ist weder der Esoterik zuzuschreiben, noch eine Modeerscheinung. Feng Shui ist uraltes Wissen. In diesem Buch werden Ihnen die Geheimnisse der alten chinesischen Lehre von der Harmonisierung der Energieströme nähergebracht, um für sich selbst und Ihre Angehörigen die Kräfte von Feng Shui nutzbar zu machen. Daran glauben müssen Sie nicht. Feng Shui wirkt ohnehin!

International gesehen liegt Deutschland ganz weit hinten, wenn es um den Verbreitungsgrad oder auch den Bekanntheitsgrad von Feng Shui geht. Dabei kann jeder, der das Wissen hat, die positiven Energieströme anziehen und die negativen Strömungen abblocken, um sich ein harmonisches und gesundes Leben aufzubauen, sprichwörtlich, indem Sie neu- oder umbauen oder Innen wie Außen Veränderungen vornehmen. Wie diese Veränderungen aussehen können, das werden Sie in diesem Buch erfahren.

Feng Shui hat sich in den Bereichen des Hausneu- und umbaus, der Inneneinrichtungs- und Gartengestaltung sowie in der Unternehmensberatung bewährt. Natürlich werden Sie sich nun fragen, wie dies möglich ist. Dazu lassen Sie uns kurz klären, was Feng (Wind) und Shui (Wasser) im eigentlichen Sinne bedeuten. Das Elixier des Lebens besteht aus Wasserstoff (Shui) und Sauerstoff (Feng). Wir existieren zwischen den Polaritäten Plus und Minus. Unsere Zellen sind abhängig von den magnetischen und elektrischen Strömungen, sowie abhängig von dem Faktor Sonne.

Die alten Chinesen waren der Ansicht, dass sich neben der sichtbareren Welt der Materie auch eine unsichtbare Welt befindet: Die Welt der Energieströmungen, die in der Natur und am Menschen beobachtet wurden. Dass Natur und Mensch in einer Interaktion stehen, war ihnen bewusst. Alles, was existiert, wurde in verschiedene Schwingungszustände unterschieden und ausgedrückt in 5 Grundelementen: Feuer, Erde, Metall, Wasser und Holz (auch Wandlungsphasen genannt). Das Feuer entwickelt seine Energie zum Himmel. Wenn es erlischt, dann wird es zu Erde. Die Erde gebiert den Schwingungszustand des Metalls, was in sich ruht und fest ist. Das Wasser ist beweglich, veränderbar und das Holz schließlich entwickelt sich und breitet sich aus wie ein Baum. Unterschiedliche Schwingungszustände und unterschiedliche Namen hierfür.

Die gesamte Erde wurde als lebendiges Wesen gesehen, von Chi, der Lebensenergie durchwoben. Ein lebendiges und harmonisches Miteinander von Mensch und Natur war die natürliche Folge.

Der Energiegedanke ist im Feng Shui der entscheidende Gedanke – der zentrale Punkt. Denn einfach alles ist Energie – ist Chi! Es gibt körperliche Energie, seelische Energie und geistige Energie. Energie ist Kraft, Macht, Ansehen, Gesundheit und Glück. Weniger positive Energieströme im Leben zu haben, bedeutet auch weniger Glück, Gesundheit etc. Im Rahmen der Heilkunde hat Chi in der Akupunktur eine große Bedeutung, denn fließt die Energie nicht in geordneten Bahnen, dann wird der Mensch krank. Mit Hilfe von Akupunktur kann das Fließen der Energie, das Chi, wiederhergestellt werden. Nicht anders verhält es sich mit dem Gebäude oder der Landschaft: An der richtigen Stelle die entsprechenden Maßnahmen durchgeführt, stellt sich das Gleichgewicht des Chis zum Wohle aller Bewohner ein.

Die große Kunst ist es, Energieströme richtig zu deuten, zu erkennen und zu lenken. Wer dies beherrscht, ist ein Meister seines Faches. Aber nichtsdestotrotz: einen wichtigen Teil davon können Sie selbst auch bewerkstelligen. Und um diesen Teil, Ihren Anteil beim Bauen und Umbauen, geht es in diesem Buch.

Etwas in Form zu bringen, zu formen, zu verändern, erschafft neue Energieströmungen. Schon dann, wenn Sie beschließen, Ihr Schlafzimmer statt Weiß nun Rot zu streichen, oder einen Wintergarten anzubauen. Sie wollen etwas verändern, also werden Sie auch entweder Ihr Glück erschaffen oder dieses zerstören. Denn neue Energieformen ziehen auch im Außen Veränderungen nach sich. Dabei kann es allein schon entscheidend sein, wo Sie hinziehen möchten. Der Ort kann Ihre Zukunftsaussichten verbessern oder verschlechtern. Das Haus, das Sie bauen oder verändern, wird Ihr Leben beeinflussen. Allein schon der Ort und natürlich die Lage innerhalb des Ortes, die Grundstücks- und Gebäudeform, werden eine große Rolle spielen.

FENG SHUI IM ALTERTUM

Erstmals wurde während der Tang-Dynastie (618-907) Feng Shui zur Auswahl günstiger Orte praktiziert. Der berühmteste Vertreter der Formenschule war Yang Yun Sang. Seine Schriften überdauerten die Zeit und sind auch heute noch gültig, waren am kaiserlichen Hof des Hi Tsang Pflichtlektüre. Dass Berge oder auch in der Neuzeit Hochhäuser einen unmittelbaren Einfluss auf das Wohlbefinden der dort lebenden Menschen haben, dürfte bekannt sein. Stellen Sie sich nur einmal vor, dass Sie in Innsbruck wohnen würden mit dem Blick zu einem kahlen Felsen. Dann könnte es Ihnen so gehen, wie einem Klienten von mir, der sein Bauernhaus in Richtung des kahlen Berges erweitert hatte. Große Fenster und ein Balkon blickten nach dem Umbau auf die kahle Felswand in nördliche Richtung. Kaum war dies geschehen, so sagte er dem Alkohol zu, verlor dann seine Professorenstelle und zu guter Letzt seine Frau.

In Mainz-Lerchenberg gibt es Einfamilienhäuser, umgeben von Hochhäusern, die ihre Schatten je nach Sonnenstand einmal mehr und einmal weniger auf die unter ihnen befindlichen Häuser werfen. Schatten ist Yin und Yin-Energie ist im Übermaß schädlich. Wie würden Sie sich fühlen im Schatten der Hochhäuser? In erster Linie bedrückt, nicht wahr? Sie werden anfangen „Mauern" zu bilden und Sichtschutz, um diesen vielen Augenpaaren, die in Ihren Garten schauen oder auf Ihr Haus, Einhalt zu gebieten.

FENG SHUI UND DIE BEOBACHTUNG DER NATUR

Der Form der Berge, der Suche nach der „Höhle des grünen Drachens", in Hügelketten und Tälern, galt neben der Richtung von Wasserläufen das Hauptaugenmerk der alten Chinesen. Die Drachenmetapher wurde verwendet, um Landschaften zu beschreiben, günstige Orte, die dem Wohle der Menschen dienten. Eine kahle, unwirtliche Gegend macht es schwer, dort Nahrung zu finden oder sich niederzulassen. Denken Sie nur an die zwar fruchtbare Erde von Lanzarote, aber auch die Mühe, die es macht, in diesem Inselteil Wein anzubauen, weil es keine Wälder gibt, die das Wasser im Boden halten oder vor Wind die Ernte schützen. So wachsen die Reben sehr nah am Boden. Beim Bau der Häuser ist dies auch zu berücksichtigen: Die Häuser sollten in dieser Gegend flach gebaut werden, um den optimalen Windschutz zu erhalten.

In der heutigen postmodernen Zeit werden häufig alle natürlichen Regeln in den sprichwörtlichen Wind geschrieben, weil man immer höher bauen kann, sturmstabil und vor Kälte und Hitze geschützte Häuser. Nur weil man technisch die Probleme lösen kann, heißt dies noch lange nicht, dass sich auch die entsprechenden Wohnbauten „gut anfühlen", dass sie Energien verkörpern, die im Einklang mit dem Menschen stehen.

Im Feng Shui ist dieser Einklang wichtig. Es geht um die Balance der Energien zwischen Yin und Yang, Dunkel und Hell, Niedrig und Hoch, Tag und Nacht, Sonne und Mond etc.

Yin- und Yangkräfte sind zwei Ursprungsenergien des Universums. Beide Polaritäten erzeugen die Entwicklung der Gezeiten, den Lauf der Erde um die Sonne, damit die Entstehung der Jahreszeiten, die Mondphasen etc. Denken Sie allein an die Auswirkungen des Vollmondes im Gegensatz zum Neumond: Die Kriminalitäts-und Selbstmordrate steigt, Schlaflosigkeit und Schlafwandeln nehmen zu. Frauen bekommen um diese Zeit ihre Periode.

Selbst die gesamte Computerwelt baut auf den Polaritäten von Yin, Minus (0) und Yang, Plus (1) auf. Ganze Farbstruk-

turen basieren auf der Yin-Yangtheorie. So brauchen Choleriker beispielsweise Grün und Blau und Depressive beispielsweise Orange. Laotse lehrte bereits, dass alles was existent ist, aus Yin und Yang zusammengesetzt sei und dass das Chi beide Polaritäten miteinander verbindet.

Chi ist die Kraft des Universums, die Energie, die das Leben ermöglicht, auf Meridianen durch den Körper fließt, durch die Landschaft auf Wasserwegen und Straßen, Bergen ihre Form verleiht und eine Gegend fruchtbar werden lässt oder verdorren. Chi ist „Pantarei“: alles ist in Fluss, alles in Bewegung und Veränderung.

Im Mittelpunkt von Feng Shui steht der Energiegedanke: Chi. Ob Sie diesen Begriff nur als Ki, Chi oder Qi kennen, letztendlich ist alles dasselbe. Die Lebensenergie, die in jedem Wesen, jedem Baum und jedem Stein schwingt, wird im Feng Shui gelenkt, damit ein ausgewogenes Glücksfeld entsteht für Menschen, denen es gut gehen soll.

Gute Chi-Strömungen sind dort, wo Aufbau und Synthese herrschen. Die Bäume wachsen üppig, die Vegetation grünt und blüht. Das Wasser ist sauber und die Luft rein.

Stellen Sie sich vor, Sie würden in eine Gegend ziehen, die so ganz am unteren Rand der sozialen Skala steht. Müll türmt sich, Dreck auf den Wegen und bemalte Häuserwände, abstoßende Gesten, Worte und Mimik treffen Sie an, wenn Sie unterwegs zu Ihren eigenen vier Wänden sind. Wie fühlen Sie sich? Wie ist die Energieform? Bekommen Sie Angst, wenn Sie daran denken in dieser Gegend nachts allein nach Hause zu gehen? Welche Energien herrschen hier? Aufbau und Synthese? Wohl eher nicht.

Aber auch zu Hause können Hinweise auf ein schlechtes Chi herrschen, weil die Räume dunkel und niedrig sind, Kakteen, absterbende Pflanzen, Trockenblumen und Chaos die Räume beherrschen. Spitze Ecken und Kanten, enge Eingänge, eine schlechte Belüftung oder sogar Schimmel in den Räumen – können nicht nur zu Krankheiten führen, Sie können mit dieser destruktiven Energie kaum den gewünschten Lebenserfolg anziehen.

Chi ist zu übersetzen mit Energie, Leistung, Arbeitsleistung und in der Folge mit Erfolg, Gesundheit und Glück.

Chi sollte angeregt werden in das Haus sanft einzudringen, es auf gewundenen Pfaden zu durchströmen und es dann wieder über Hintertüren am anderen Ende des Hauses zu verlassen. Innerhalb der Räume kann man Chi mit Hilfe von Spiegeln, Fenster und Türanordnungen lenken. Allerdings sollte in einem Schlafzimmer eine sanfte Energie vorherrschen, weshalb sich hier Spiegel verbieten. Dazu kommen wir in späteren Kapiteln noch einmal. Wenn allerdings in einem fensterlosen Raum, (Keller, Ankleide oder Abstellraum) Chi stagniert, so können Spiegel hilfreich sein.

Wer Sha-Chi, das Gegenteil der aufbauenden positiven Energie, anzieht und sich mit schädlichen Energien umgibt, wird damit negative Umstände, mangelnde Gesundheit und Misserfolge anziehen.

Gerade auf ein Gebäude zulaufende Straßen erzeugen ebenfalls Sha-Chi. Dies gilt auch für in einem scharfen Winkel abbiegende Straßen, die sogenannte „geheime Pfeile“ erzeugen. Wenn man nur einmal an die potentiellen Gefahren denkt, die aus dem Verkehr entstehen können, so ist dies bereits eine unheilvolle Auswirkung solcher Konstellationen. Aber auch innerhalb des Gebäudes, kann durch offen liegende Balken, die sich an der Decke befinden können oder andererseits als „Galgen“ den Raum beherrschen, ebensolche negativen Auswirkungen – Sha-Chi – genannt auf das Leben der Bewohner zu verbuchen sein. Klientel von mir hatte einen „Galgen“ im Wohnzimmer und die erste Frau des Besitzers dieses Hauses, hatte sich dort tatsächlich das Leben genommen. Oder ein anderer Fall war ebenso makaber: Über dem Bett befand sich eine offen liegende Balkendecke, die ein großes, dunkles Kreuz bildete, weil die Balken schwarz gestrichen waren. Die Frau des Wohnungsinhabers hatte ihn bereits verlassen und ihre gemeinsame Tochter mitgenommen. Der zurückgebliebene Mann flüchtete sich in Alkohol und verlor sein Unternehmen.

Auch wenn sich Eingangs- und Hintertür gegenüber liegen und man sozusagen von der Eingangstür gleich wieder nach außen sehen kann, ist dies ungünstig. Es kommt zu einer „Durchfallsituation“ von Chi in dem Haus.

Wenn ein Flur die Bewohner teilt, so dass ein Teil der Familie auf der einen Seite und der andere Teil auf der Gegenseite wohnt, so ist dies ein strukturelles Problem und teilt die Familie. In Bad Homburg gab es ein solches Haus und die Eltern bewohnten die eine Seite und die Kinder die andere.

Was wir heute sind, kommt von unseren gestrigen Gedanken. Unsere gegenwärtigen Gedanken gestalten unser morgiges Leben. Unser Leben ist das Erzeugnis unseres Geistes.

Buddha

Es kam zu eklatanten Zwistigkeiten und einem Verfall der Familie als solche. Denn unterbewusst wurden sie zu „Gegenspielern“.
Selbst die beliebten Panoramafenster können ein Sha-Chi-Problem darstellen. Liegen sich zwei Panoramafenster gegenüber, so gibt es ein Gefühl des „Windes“, des „Durchzugs“ und man bekommt das Gefühl der Unruhe. Der Raum gibt so kein Gefühl von Ruhe und Geborgenheit.

Deshalb ist diese Art von Fensteranordnung nicht günstig. Im Kapitel der Fenster werden wir darauf näher eingehen. Auch Treppen, die direkt der Eingangstür gegenüberliegen, sind Sha-Chi. Die alten Chinesen sagen, dass sich so das Geld der Bewohner nicht hält. Es würde förmlich wieder zum Haus hinausströmen...
Selbst, wenn sich gegenüber einer Haustür ein Lichtmast oder der kahle Stamm eines Baumes befindet, erzeugt diese Situation blockierende Energien und das Glück der Bewohner schwindet.

Deshalb: Wenn Sie Bauen oder auch Umbauen, so liegt es an Ihnen, welche Energien Sie sich erschaffen und ob Sie damit, wie schon erwähnt, Glück oder Unglück anziehen.

FENG SHUI UND HARMONIKALES BAUEN

Das rechts abgebildete Haus gehört meinem Nachbarn, Herrn Prof. Fritz. Er lehrt an der Fachhochschule für Architektur in Wiesbaden und hat sein Haus selbst harmonikal gebaut. Es entspricht weitestgehend den Prinzipien des Feng Shui. Proportion und Zahlen sind bis ins Detail berücksichtigt.

Ein Gebäude kann, wenn es richtig konstruiert wird, Heilungsprozesse positiv unterstützen oder generell zu mehr Wohlgefühl und damit Gesundheit führen. Räume können zum Beispiel die regenerativen Kräfte des Körpers erhöhen, die Wundheilung fördern, das Lymphsystem anregen, auf die Darmtätigkeit ausgleichend wirken oder die Leistungsfähigkeit verbessern helfen. Wie ist so etwas möglich? Der griechische Philosoph und Mathematiker Pythagoras meinte einmal: Gott ist Mathematiker. Für ihn waren Zahlen nicht einfach etwas Praktisches, um damit Dinge berechnen zu können, sondern er zählte sie zu den wichtigsten Grundprinzipien des Lebens.

Wer heute baut, wird auch an eine zukünftige Wertsteigerung seiner Immobile denken müssen. Vielleicht wird sie wieder verkauft werden, weil man im Alter etwas Kleineres sucht? In jedem Fall ist es immer so, dass selbst dann, wenn ein potentieller Kaufinteressent nichts von Feng Shui versteht, er dennoch von einem Haus, das mit Feng Shui gebaut wurde, magisch angezogen wird. Es sind Häuser mit einem besonderen Flair, guten Maßen und Proportionen.
Feng Shui funktioniert, auch wenn das keiner wirklich erklären kann. Großmeister aus China erklären die Wirkungsweise mit Energie, dem „Chifluß", wie sie es nennen. Chi wird übersetzt als universelle Lebensenergie, die in jedem Lebewesen und auch in jedem Ding, was auf dieser Welt existiert, enthalten ist. Im vorherigen Kapitel bin ich bereits darauf näher eingegangen. Da Feng Shui auf dem „Chi-Gedanken" basiert und auf der Tatsache, dass alles miteinander verknüpft ist, ist Chi oder auch das „Fluidum" oder der „Atem des Lebens", für uns hier sehr wichtig. Wissenschaftler übersetzen Chi auch mit „Lichtquantenteilchen" oder auch „Biophotonen".

Wenn man ein Haus baut, das in der Lage ist, Chi zum Wohle der Bewohner zu lenken, zu sammeln und anzuziehen oder auch ungünstige äußere Einflüsse abzuwehren, so handelt es sich um einen großen Beitrag für die Gesundheit der Menschen, Ihr Wohlbefinden und Ihr Glück. Denn auch dieses ist abhängig von den äußeren Umständen und kann sich vermehren, wenn der richtige Ort zum Leben gefunden wurde, das richtige Stück Land zum Bauen und auch die Form des Grundstückes und Hauses für die Bewohner einen „glücklichen Ort" darstellt. Ich werde in den nächsten Kapiteln darauf eingehen, was Sie genau beachten sollten, um für sich die beste Wohn- und Lebensqualität durch ein optimales Bauen mit Feng Shui zu schaffen.

Günstig haben sich für Ihre Grundstückswahl quadratische oder rechteckige Grundstücke als besonders lebenswert und harmonisch herausgestellt. Wenn wir einmal die Form mathematisch betrachten und die Zahlen in Musiknoten übersetzen, so ergibt es in der Tat „klingende" oder weniger gut tönende Proportionen. Man bezeichnet diese Art der Beschäftigung mit Maßeinheiten, die in Klang umgesetzt werden, auch als „Harmonik". Im weitesten Sinne sind dies Tonverhältnisse, die ein System von Informationen darstellen. Architektur ist die Kunst der Information in der Raumdimension. Jede Hausform, die wir schaffen, ist eine „Information", ein „in die Form bringen von Informationen".

Das Wissen um Maß und Zahl war vielen Baumeistern rund um den Globus geläufig. Von den römischen Bauwerken, den gotischen Kathedralen, den palladianischen Villen bis zur Klassik war die Musik ein sicherer Bestandteil der Ar-

chitektur. Selbst Le Corbusier setzte sich intensiv mit den richtigen Proportionen auseinander.

Ebenso wie vom inneren Ohr des Menschen bestimmte Intervalle als harmonisch und andere als dissonant empfunden werden, so nimmt auch das Auge bestimmte Streckenverhältnisse als harmonisch und andere als disharmonisch wahr.

Für die Grundrisse unserer Häuser wird z.B. das harmonikale Maß 5:8=0,625 gewählt. Dies wird assoziiert mit Temperament, Sympathie und Entwicklung. Harmonikales Bauen befasst sich mit harmonikalen Strukturen, die sich überall in der Natur finden – in Pflanzen, Kristallen oder Molekülen. Es schafft Harmonie, indem es Gebäudeteile und Einrichtungsgegenstände in aus der Natur abgeleiteten Proportionen zueinander und zur Umgebung fügt. Mit diesen Harmonien haben sich Kulturen seit Menschengedenken beschäftigt. So wie harmonische musikalische Klänge nachweislich auf das Wohlbefinden des Menschen wirken, so gilt dies auch im visuellen Bereich für harmonische Proportionen.

Jahrhunderte alte Erfahrungen stehen Ihnen zur Verfügung. Im Licht der neuesten wissenschaftlichen Erkenntnisse betrachtet, einleuchtend. Denn alles befindet sich in Schwingung und die Materie, die wir als feste Form wahrnehmen, besteht letztlich ebenfalls nur aus den schwingenden Teilchen, mit denen wir in Verbindung stehen.

Die Form des Baukörpers wird immer eine rechteckige Form darstellen oder auch quadratisch sein. Die Entwicklung des Baukörpers selbst wird anders als bei jedem „Nicht-Feng-Shui-Architekten“ aus den Geburtsdaten der Personen geschöpft (lesen Sie dazu die nachfolgenden Kapitel und S.64). Holzmenschen brauchen beispielsweise Türme und Feuermenschen ausgebaute Obergeschosse. Wir können nicht einen Menschen, der Räume in den Himmelsrichtungen Süden, Osten oder Südosten benötigt, acht Stunden im Westraum schlafen lassen. Wenn dieser Mensch nicht seine besten Energierichtungen bekommt, so wird er sich nicht nur weniger gut in seinem Haus fühlen, es können durch die Dissonanzen eine Reihe von äußeren Problemen auftreten bis hin zu Krankheiten, dem Verlust der Arbeit oder familiären Problemen.

DER HAUSKÖRPER IN HARMONISCHER PROPORTION ZUM MENSCHEN

Der Hauskörper wird wie ein Mensch gesehen, ein lebendiges Wesen, das Augen hat – die Fenster, einen Mund – die Haustür, ein Dach – den Kopfbereich usw. Es hat Wasserleitungssysteme – das Nieren-Blasensystem. Es muss atmen können – die Lungenfunktion und es braucht den richtigen Grad von Wärme, wie auch unser Körper dies benötigt.

Der Hauskörper muss geschützt mit dem Rücken auf dem Grundstück stehen und für sein „Gesicht“, das große Fensteröffnungen hat und Balkone oder Terrassen enthält, muss wohl überlegt werden, auf was dieser Blick gerichtet ist.

Gegen eine Hauswand eines Nachbarn zu schauen ist nicht empfehlenswert. Dies würde eine Blockade im Leben der Bewohner darstellen. Denn es wären ihnen im wahrsten Sinne des Wortes die „Lebensaussichten“ verwehrt. In Wiesbaden, in der Kapellenstraße, gibt es zahlreiche Villen. Eine hiervon wurde umgebaut und in Eigentumswohnungen aufgeteilt. Eine dieser Wohnungen schaute nun gegen eine kahle Villenwand des Nachbarn. Was war mit den Besitzern dieser Wohnung kurz nach dem Umzug passiert? Erst verlor der Hausherr seine Arbeit und dann ließen sie sich scheiden. Zufall? Die nächsten Besitzer haben die Wohnung vermietet und haben es nun mit ständig wechselnden Mietern zu tun, weil keiner der Mieter hier lange glücklich sein kann. Für mich ein klarer Fall! Ich würde niemals nur in Erwägung ziehen so eine Wohnung zu kaufen.

Wer Feng Shui in die Hausplanung einbezieht, am besten natürlich von Anfang an, hat das Glück auf seiner Seite. Denn neben der Grobplanung in Bezug auf die Raumaufteilung, die Sitz- und Blickrichtung des Hauses, braucht jedes Familienmitglied eine auf sich abgestimmte Form- und Farbgebung um sich richtig wohl zu fühlen, die ebenfalls über das Geburtsdatum herausgefiltert wird. In Schlafräumen kann das Bett so optimal ausgerichtet werden und damit einen erholsamen und gesunden Schlaf fördern. Schreibtische können mithilfe dieser Berechnungen so ausgerichtet werden, dass der Kreativität freien Lauf gelassen werden und die Arbeit konzentriert und flüssig ablaufen kann.

Bei der Begleitung eines Hausbaus mit Feng Shui spielen auch Berechnungen hinsichtlich des zeitlichen Baubeginns eine Rolle. Die Grundsteinlegung, das Richtfest oder Einzugsdatum mit einem Feng Shui Master berechnet, können das himmlische Glück für die Bewohner anziehen und es ihnen erleichtern und das Bauen unproblematisch vonstattengehen lassen.

WORIN LIEGT DAS GEHEIMNIS VON FENG SHUI?

Feng Shui kommt aus dem Chinesischen und bedeutet „Wind und Wasser“. Feng Shui ist die Kunst Lebensräume in Harmonie mit der sichtbaren und unsichtbaren Umgebung zu gestalten. Leben in Harmonie bedeutet Gesundheit, Wohlbefinden, beruflichen Erfolg, persönliches Glück und spirituelles Wachstum.

Von Fachleuten bei ihrer Feng Shui-Beratung werden berücksichtigt: die Formschule, die Kompassschule und die analytische Schule. Alle Bereiche des Lebens werden hiermit erfasst und können durch Lenkung von Chi Unterstützung erhalten.

Denn nach der Feng Shui-Philosophie fließt ein ständiger Strom von Energie, das Chi, über die Erde und durch die Häuser. Mit Feng Shui lässt sich diese Kraft so lenken, dass alle Gebäudeteile von positiver Energie durchströmt werden, zum Wohle der Bewohner. Bauen beginnt schon bei der Wahl des Bauplatzes und der richtigen Ausrichtung des Hauses: Das Grundstück sollte möglichst einen quadratischen bzw. rechteckigen Grundriss haben, frei von Störeinflüssen wie Wasseradern, und hinter dem Haus sollte am besten ein Hang liegen. Negative Wirkung haben gerade auf das Haus zulaufende Straßen oder Gewässer, in Blickrichtung schroffe Felsen, kahle Hauswände des Nachbarn oder angreifende Strukturen, wie Hausecken anderer Gebäude. Spitzwinklige Ecken, die direkt auf das Gebäude zeigen, sind dabei besonders aggressiv. Feng Shui plant mit dem Lauf der Sonne.

Die Innenaufteilung wird einem regelmäßigen Grundriss den Vorzug geben, um keine inneren „Strukturstörungen" zu erzeugen.

Im Inneren stören lange Flure, wuchtige Balken, Ecken oder Kanten den Chifluß. Aber gerade auch auf die Strömungen der Energie, Chi genannt, wird besonderes Augenmerk gelegt. Die Hauseingangs- und Hinterausgangstür sollten sich nicht in direkter Linie gegenüber befinden, sondern diagonal versetzt, da sonst das Chi zu schnell strömt und damit wirkungslos durch das Haus verläuft. Treppen, die das Chi transportieren, sollten sich nicht in direkter Linie gegenüber dem Eingang befinden, genauso wenig wie Toilettentüren oder Spiegel. Am besten fällt der erste Blick ins Wohnzimmer, wohingegen die Schlafräume zunächst in dem oberen und hinteren Hausteil untergebracht werden. Die aktiven, die Yang-Räume, wie Küche und Wohnzimmer liegen in der Regel im Eingangsgeschoss.

Mit Feng Shui zu bauen heißt aber auch, dass die Baumaterialien für das ökologische Bauen den Vorrang erhalten. Erst die Kombination energetisch optimierter Räume mit natürlichen und wohngesunden Baustoffen schafft ein umfassendes Wohlfühl-Klima.

Die uralte, bewährte Wissenschaft des Feng Shui über die Anwendung der Naturgesetze wird auf die Bedürfnisse des 21. Jahrhunderts zugeschnitten und modern auf die heutigen Bedürfnisse hin angewandt. Es ist nicht so, dass wir in Europa nicht schon Teile dieses Wissens gekannt hätten, hat sich hier zu Lande die Geomantie doch erhalten, d.h. das Wissen um die Erdkräfte. Auch in alten Bauwerken der Antike, wie auch bis zum Villenbau des 19. Jahrhunderts, ist die Anwendung dieses komplexen Wissens noch zu erkennen das mit der zunehmenden Industriealisierung jedoch allmählich verdrängt wurde. Wir könnten sagen: Back to the roots! Zurück zu unseren Wurzeln. Denn in der heutigen Zeit ist dieses Wissen dringender denn je.

Viele unserer heutigen Probleme sind entstanden, weil wir die Energien der Umgebung missachtet haben. Die Flussbegradigungen sind nur ein Teilproblem von dem, was wir uns selbst geschaffen haben, indem wir gegen die Natur handelten.

Die Wiederentdeckung des alten Wissens und die Reaktivierung unserer Wahrnehmungen hin zu einem gesamtheitlichen Denken im Bauen und Gestalten von Außen- und Innenräumen sind in der westlichen Welt angekommen. Östliches Denken und der erhaltene Wissensschatz der Asiaten zeigen uns Möglichkeiten auf, wie wir in Einklang mit uns selbst und der von uns geschaffenen Umgebung kommen. Menschen, die ein ausgewogenes Energiefeld umgibt, sind ausgeglichener, kraftvoller, energiegeladener als andere, die hektisch wirken, unausgeglichen und schwerfällig. Glück ist machbar und lässt sich gestalten, so wie Chi sich anziehen und lenken lässt! Ein hohes Energieniveau mit altem Wissen zu erreichen, ist das Ziel in der Anwendung von Feng Shui in der westlichen Welt, für moderne Menschen und moderne Bauten unserer Zeit.

Vertrauen Sie auf Feng Shui!

Wer nicht genug vertraut, wird kein Vertrauen finden.

„Laotse"

ALTE BAUTRADITIONEN
AUS DEM EUROPÄISCHEN RAUM IN SYMBIOSE MIT ÖSTLICHEM DENKEN

Sie suchen oder erschaffen sich ein Haus, je nachdem, wie Sie sich selbst der Umwelt mitteilen wollen, welches Ansehen oder welchen Status Sie sich erhoffen. Das Innere der Räume aber wird unweigerlich ein Teil Ihres Selbst werden. Ihr Bewusstsein wird sich mit jeder Bau- und Einrichtungsentscheidung in dem Haus widerspiegeln. Wie ich bereits erwähnte, wird ein Hauskörper mit dem menschlichen Körper verglichen:
Das Dach entspricht dem Kopf, die Füße basieren im Fundament, dem Keller. Der Bauchbereich ist dem Wohnbereich gleichzusetzen, wo das Herz der Familie schlägt, und die Fenster entsprechen den Augen zur Außenwelt. Sind sie nicht geputzt, so verschließen Sie sich der Außenwelt. Wenn Sie Ihren Lebensweg wieder klarer erkennen wollen, so putzen Sie beispielsweise die Fenster! Die Tür ist der Mund des Gebäudes. Quietschende Türen würden auf Streit und Misstöne im Haus hinweisen. Die Wasserrohre sind vergleichbar mit dem Urogenitalsystem. Wenn der Wasserhahn tropft, kostet dies nicht nur Geld, weil Wasser mit dem Geldfluss in Verbindung steht – es fließt Ihnen förmlich weg. Es zerrinnt Ihnen unter den Fingern. Die Stromleitungen sind vergleichbar mit dem Nervensystem. Liegen viele Kabel offen herum, so sind das offen liegende Nervenstränge, die Nerven liegen blank, usw.

Der Hauskörper und Ihr Körper stehen in Resonanz, so wie Ihre Seele und die Seele des Hauses miteinander resonieren. Es gibt Häuser, die keinerlei Wärme ausstrahlen, keinen Rückzugsort bieten und die Menschen sind nur auf das Äußerliche bedacht, auf die große Show, und das Familienleben kommt zu kurz.

Um diese Metaphern zu verstehen und ein grundlegendes Verständnis dieser Interaktionen zu erlangen, muss man zwangsläufig analog denken und handeln. Es ist das Analoge, auf Entsprechungen beruhende Denken. Denken wir nur an Hermes Trismegistos: „Wie oben so unten, wie innen so außen". Oder auch schon Goethe sagte: „Nichts ist drinnen, nichts ist draußen, denn was innen, das ist außen. So erkennet ohne Säumnis, heilig öffentlich Geheimnis".

Lineares Denken und analoges Denken entstehen schon allein durch den Gegensatz, den der Mensch in sich selbst trägt, die Polaritäten von Yin und Yang. Yang, männlich und rational betont, gibt dem Bau eine andere Note, als das Yin betonte, intuitive sich an Mensch und Natur orientierende Bauen. Beide Pole haben ihre Berechtigung. Die Symbiose zwischen östlichem Denken und westlicher Sichtweise im Hausbau zu erlangen, ist das Anliegen dieses Buches.

So ergänzt Feng Shui im Bauen die übliche Denkweise der Architekten und ist kein Gegensatz, sondern eine sinnvolle Ergänzung. Wenn kraftvolle Räume entstehen sollen, die individuell auf die Menschen und die Umgebung zugeschnitten sind, so handelt es sich um ein heilendes, harmonisierendes Wohnen und Bauen. Nicht nur Kathedralen sind Ausdruck von Heilung, Kraft und Einheit mit kosmischem Denken. Es sind auch in Bauernstuben die heiligen Ecken, die Herrgottswinkel und es sind Rituale, Festlichkeiten, die immer wiederkehrend zu bestimmten Zeiten die Kraft eines Ortes verstärken.

Feng Shui bringt alle diese Erkenntnisse zusammen. Nach dem Mond geschlagenes Holz hat länger Bestand und reißt weniger als anderes, beispielsweise. Zu bestimmten Zeiten nach dem Feng Shui-Mondkalender einen Bau zu beginnen, verspricht mehr Glück während der Bauphase und ergibt einen starken Baukörper. Richtfeste und Einweihungsfeste des Hauses zu feiern ist schon immer auch im europäischen Raum üblich gewesen. Dass man auch diese Feste in Einklang mit dem Feng Shui-Mondkalender bringen kann, ist vielleicht neu. Aber es lohnt sich, dieses Wissen mit zu integrieren, um ein ganzheitliches Bauen und Wohnen in einer Zeit zu erlangen, in der wir alle mehr Ausgeglichenheit benötigen, mehr Kraft, um unsere Aufgaben zu bewältigen und mehr Ruhe, um gegen den Stress des Alltags bestehen zu können.

WARUM ES SICH LOHNT
NACH URALTEN PRINZIPIEN NEU ZU BAUEN UND ZU RENOVIEREN

Auch in Europa gab und gibt es viele Beispiele für harmonikales Bauen. Viele Feng Shui Aspekte wurden dabei bereits berücksichtigt. Allerdings: Man stimmte die Räume nicht gleichzeitig auf die Geburtsdaten der Bewohner und auf die Umgebungsfaktoren ab. Wenn man die Wortwurzeln von „bauen“ und „wohnen“ nachschlägt, so sind sie untrennbar miteinander verbunden denn im Althochdeutsch heißt „buan“ ursprünglich „wohne“ und erst später wurde hieraus „bauen“. Das Haus, lateinisch „domus“, ist verwandt mit „domestizieren“ und damit die Natur zu zähmen. Das Haus soll Schutz und Geborgenheit geben. Ein sicherer Ort sein, vor Wind und Kälte schützen und die Hitze abhalten. Die sogenannte dritte Haut des Menschen ist das Haus. Und wie die Haut auch, die sich ständig erneuert, muss auch das Haus sich einem ständigen Regenerationsprozess unterziehen. Die Fenster müssen geputzt werden, damit man die Umwelt wieder klar wahrnimmt, die Wände neu gestrichen werden, wenn sie verschmutzt sind oder die Leitungen durchgängig gehalten werden, damit sie nicht verstopfen. Gleichzeitig funktioniert die Haut als Austauschorgan zwischen der Außenwelt und der inneren Welt. Ein Ein- und Ausatmen muss möglich sein.

Es lohnt sich, nach alten Prinzipien zu bauen, um sich bewusst zu werden, dass wir bauen, wohnen und damit auch Veränderungen zulassen sollten. Es gilt nicht zu stöhnen: „Ach, ein Haus ist eine ewige Baustelle“. Sagen Sie sich doch bei jeder Veränderung, die kommt: „Jede Neuerung bringt auch neue Energien ins Haus“. Neue Energie heißt, mit dem Leben zu wohnen und zu bauen. Verändern Sie sich, verändern sich die Räume. Manches Klientel betreue ich schon mehr als 20 Jahre. Sie hatten anfangs noch kleinere Kinder, jetzt sind sie aus dem Haus. Räume, die ich einmal geplant habe, lassen sich mühelos wandeln, weil ich im Vorfeld schon die Veränderungen mit einplane. So spart man später auch Geld. Viele dieser Kinder haben schon ihre eigenen Räume oder ich berate sie in ihren Studentenwohnheimen, damit sie ihre Prüfungen schaffen. Ich berate, wenn eine Tochter heiraten möchte oder der Sohn beispielsweise das Unternehmen der Eltern übernehmen möchte, zu welchem Zeitpunkt dies am besten ist.

Immer gibt es Veränderungen und immer werden sie mit Feng Shui Wissen begleitet.

Leben heißt: Wandel, Bewegung und Dynamik. Es lohnt sich, die Wandlungen zu zulassen und Feng Shui als wichtigen Baustein für ein lebendiges Wohnen und Bauen zu integrieren, um mehr Frieden, Geborgenheit, Kraft und Freude aus den geschaffenen Räumen schöpfen zu können. Deshalb möchte ich Sie jetzt auf eine Reise mitnehmen. Eine Reise, die Ihnen für Ihr Bauen zunächst die Beschäftigung mit dem Ortsnamen bescheren wird, in dem Ihr Haus stehen wird. Denn wir alle sind mit dem Ort verbunden, in dem wir leben. Ob wir nun in „Wohnbach“ wohnen oder „Bad Schwalbach“ ist schon allein mit den Assoziationen, die diese Namen hervorrufen, verbunden. Wer sich mit dem Ortsnamen näher beschäftigt und auch in die Vereine, ehrenamtliche oder politischen Gruppierungen begibt, erhält eine Verwurzelung im Ort. Diese ist essentiell, um sich letztendlich mit dem Ort der Wahl zu verbinden und sich heimisch zu fühlen. Freundschaften aufzubauen, die Unterstützung geben.

Wer selbst diesen Bezug nicht sucht, wird es schwer haben, sich im Ort heimisch zu fühlen. Und selbst dann, wenn Sie beschlossen haben sollten, nichts an Verbindungen zu den anderen Menschen im Ort aufzubauen, was sehr schade wäre, so ist die Beschäftigung mit dem Ortsnamen doch lohnenswert, um zu wissen, wo Sie sich befinden und wer in der Geschichte Ihren erwählten Ort schon alles besucht hat oder dort tätig war. Alles dies gibt Ihnen ein Gefühl für den Ort und mit Stolz geschwellter Brust können Sie dann zu Recht von „Ihrem“ Ort schwärmen, denn auch dies ist Energie!

DIE GRUNDLAGE DES HAUSBAUS IST DAS VERSTÄNDNIS DER ELEMENTE

Die Theorie der Fünf Elemente hat ihre Wurzeln in der chinesischen Sicht des Universums. Dabei werden alle Dinge dieser Welt den fünf Grundelementen zugeordnet (Feuer, Metall, Erde, Holz und Wasser). Sie regeln und beschreiben die Naturerscheinungen, die Jahreszeiten, den Tageslauf und werden differenziert auch dem System von Yin und Yang zugeordnet.

Die chinesische Medizin hat für die Behandlung des Menschen die Fünf Elemente-Lehre zur Grundlage. Die fünf Elemente Feuer, Erde, Metall, Wasser und Holz ergänzen sich und bedingen einander. Jeder Mensch hat diese Elemente in sich. Ist er gesund, so sprechen wir von einer Ausgewogenheit der Elemente. Auch die Natur selbst lässt sich anhand der fünf Elemente erklären. Feuer repräsentiert den Sommer, die Erde den Spätsommer, das Metall den Herbst und das Wasser den Winter. Was in uns ist, sollte sich auch harmonisch im Äußeren widerspiegeln. Sehen Sie deshalb hier den Anregungs- und Kontrollzyklus der Elemente, die auch in der Abstimmung der Farben in den einzelnen Räumen eine Rolle spielen werden, zum Beispiel bei der Auswahl der Haustür, der Wahl der Klappläden usw.

Holz ernährt das Feuer, die Asche des Feuers ernährt die Erde, aus der Erde wird Metall gewonnen, die Mineralien der Erde machen das Wasser lebendig, Wasser ernährt die Pflanze, aus denen Holz entsteht, Holz ernährt das Feuer usw. Holz kontrolliert die Erde, da Pflanzen und Bäume mit ihren Wurzeln verhindern, dass die Erde weggespült wird. Erde kontrolliert das Wasser, da es dies eindämmen kann. Wasser kontrolliert, löscht das Feuer. Feuer kontrolliert das Metall, da es dieses schmilzt. Metall kontrolliert das Holz, weil es dieses spalten kann.

DAS ELEMENT FEUER

Farbe:	Rot
Form:	dreieckig
Himmelsrichtung:	Süden
Hauszuordnung:	Küche, Spitzdach

DAS ELEMENT ERDE

Farbe:	Gelb, Braun, Ocker, Orange
Form:	horizontale Linienbetonungen, quadratisch, rechteckig, flach, kleine Topfpflanzen, Karomuster
Himmelsrichtung:	Südwesten und Nordosten
Hauszuordnung:	Wohnzimmer, Ankleide, Stauräume

DAS ELEMENT METALL

Farbe:	Weiß, Silber, Grau
Form:	rund, oval
Himmelsrichtung:	Westen und Nordwesten
Hauszuordnung:	Arbeitszimmer, Werkraum

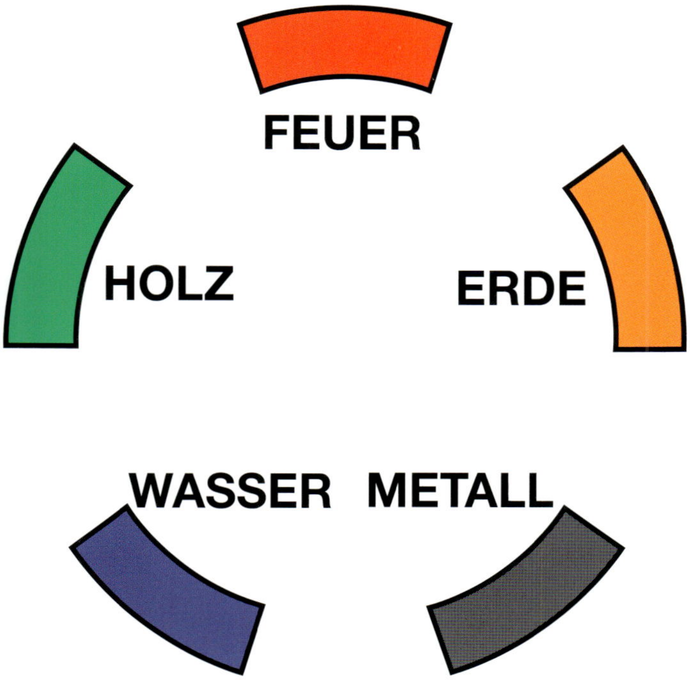

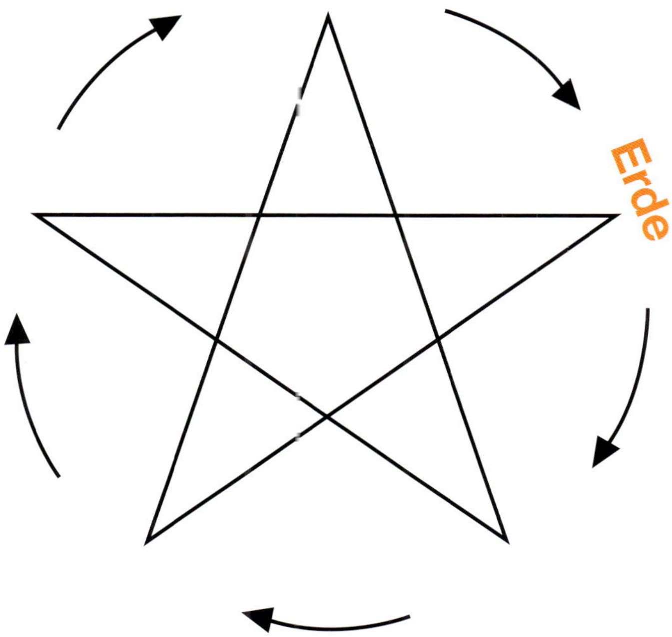

DAS ELEMENT WASSER

Farbe: Blau
Form: unregelmäßig
Himmelsrichtung: Norden
Hauszuordnung: Bad, Waschküche, Hauswirtschaftsraum

DAS ELEMENT HOLZ

Farbe: Grün
Form: vertikal Linienbetonung
Himmelsrichtung: Südosten und Osten
Hauszuordnung: Esszimmer, Kinderzimmer, Schlafzimmer

WIE HEISST DER ORT, IN DEM SIE WOHNEN ODER WOHNEN WERDEN?

ORTSNAMEN

Die Mehrzahl der Ortsnamen in unseren Breiten hat eine „natürliche“ Herkunft. Die Namen wurden nicht spontan gegeben, sondern sie bildeten sich über einen langen Zeitraum hinweg aus alltäglichem Wortmaterial heraus. Diese Ortsnamen erwuchsen aus der gesprochenen Sprache.

Haben Sie bereits Ihr Grundstück gefunden? Wie klingt der Name des Ortes? Welche Assoziationen verbinden Sie mit ihm? Wiesbaden beispielsweise heißt: „Auf der Wiesi baden gehen“ und war ein Ort, in dem reiche Frankfurter das Bad in den heißen Quellen genossen. Ganz in meiner Nähe ist Kemel. Die „Kemeler Heide“ ist seit Jahrhunderten ein Begriff durch die Keltische und Römische Zeitgeschichte. Hügelgräber sind stumme Zeugen dieser Historie. Auch der Limesgraben und die Römerkastelle zeugen von einem strategisch wichtigen Gebiet.

Was tun wir heute mit diesem Wissen? Es werden der Limesweg und die Römerkastelle wieder errichtet und in Museen den Menschen die Geschichte des Ortes näher gebracht. Man kann stolz sein, in einem solchen Ort mit großer Vorgeschichte zu wohnen. Wenn man neue Straßennamen zu vergeben hätte, dann könnte man sich der Geschichte bedienen und aus alter Zeit schöpfen.

Bad Schwalbach, wo ich wohne, ist auch ein historischer Ort und hat es mit sich gebracht, dass ich mich auch mit dem Ortsnamen beschäftigte. Denn es gilt allgemein, sich mit dem Ortsnamen vertraut zu machen, seine Historie zu erfahren, um eine Verbindung zum Ort zu bekommen und dort wirklich „Wurzeln zu schlagen“. Sonst passiert es wie mit so manchen anderen Orten, die nur Wohnsiedlungen sind, Schlafstätten ohne Bezug der Bewohner, ohne dass sie dort Wurzeln schlagen und sich mit dem Ort identifizieren können. Bad Schwalbach wurde als Langinswalbach im Jahre 1352 erstmals urkundlich erwähnt. Erste zuverlässige Berichte über die Mineralquellen gibt es ab 1568 durch den Wormser Arzt Tabernaemontanus, der den Ort auch in seinem 1581 erschienenen Werk „New Wasserschatz“ bekannt machte.

BERÜHMTHEITEN UND BAD SCHWALBACH

Zahlreiche Persönlichkeiten waren in Bad Schwalbach:

Nicolas August Otto, der Erfinder des „Otto-Motors“, ging in Bad Schwalbach zur Schule.

Lord Carnavon, der Finanzier der Ausgrabungen des Tutench-Amun.

Kaiserin Sissi kam wegen ihrer Depressionen.

Kaiserin Eugenie, die schönste Frau der Welt, kurierte ihre Bronchien in Bad Schwalbach.

Giacomo Meyerbeer, der Weltbürger der Musik, nahm jährlich Eisenbäder.

Theodor Fontane lässt in seinem Roman „Effi Briest“ die Romanfigur wegen ihrer Kinderlosigkeit nach Bad Schwalbach zur Kur fahren.

Auch **Thomas Mann** nutzt Bad Schwalbach für seine Romanfigur Felix Krull in dem Roman „Die Bekenntnisse eines Hochstaplers“.

„Durch Moor und Stahl erhält man Kinder ohne Zahl“
Wohlhabende Frankfurter Bürgerstöchter bedingten sich früher in ihrem Ehevertrag einen rechtsgültigen Anspruch auf eine Kur in Bad Schwalbach aus!

Anfangs fragte ich mich wirklich, warum ich mit meiner Familie ausgerechnet von Wiesbaden nach Bad Schwalbach ziehen musste. Sicher, die Hauslage war exzellent, aber so weit im hinteren Taunus zu wohnen, nur wegen der phantastischen Luft, den Heilquellen oder dem Moor? Wie es der Zufall wollte, wurde ich in die Arbeitsgruppe „Gesundheit" berufen und bin dort auch weiterhin tätig und ich erfahre sehr viel mehr über den Ort und bringe mich auch aktiv in Veränderungen zum Wohle des Ortes ein. Es ist ein gutes Gefühl, so Wurzeln zu schlagen und Kontakte zu knüpfen. Ich bin stolz hier zu wohnen, wo viele Berühmtheiten bereits ein- und aus gegangen sind. Aber in erster Linie bringe ich mein Wissen auch meinen Kindern näher, damit sie hier Wurzeln schlagen. Das Beste ist: Suchen auch Sie die Verbindung zu Ortsgruppen und bringen sich aktiv ein. Nicht nur „meckern" ist die Devise. Wer für seinen Ort etwas tun will, kann es!

Ich weiß inzwischen auch, dass das Bad Schwalbacher Moor ein Schönheitsquell ist. Zwei Kuren im Jahr und die Hormone jubilieren und helfen, auch in den Wechseljahren nicht so schnell zu verwelken! Probieren Sie es aus. Moor ist ein Wunderquell und dazu noch das eisenhaltige Wasser, das Sie frisch und munter werden lässt, sind gemeinsam in dieser Wirkung ein Schönheits- und Gesundheitsquell. Ich konnte dies am eigenen Leib bereits spüren. Aber wissen dies denn wirklich alle Bad Schwalbacher? Ich glaube nicht. Weil sie sich nicht wenigstens mit dem Ort beschäftigen und das ist schade. Sie sitzen im 5-Sterne Refugium der Natur und könnten hier walken, joggen oder den Barfußpfad nutzen, um ihre Reflexzonen anzuregen. Aber tun sie das? Viele Kurgäste hier haben nicht nur die Luft und die Heilkliniken zu schätzen gelernt, nein, auch das Wasser und das Moor und dies in zunehmendem Maße...

Lernen Sie selbst für sich aus diesem Beispiel und verbinden Sie sich mit Ihrem Ort. Nutzen Sie dessen Kräfte!

Hier sind noch einige Namen von Orten, die ich bei meiner Recherche im Internet gefunden habe und deren Assoziationen befremdlich sind:

Streit, zu 63906 Erlenbach zugehörig

Wüste, bei 49080 Osnabrück

Monster, in Westland (NL)

Rotzloch, bei Stansstad (CH)

Wer in dem Ort **Lederhose** in Thüringen wohnt, sollte wissen: die Gemeinde hat ihren Ursprung in einer slawischen Siedlung, ihre Einwohner tauften sie bei der Gründung Ludorad. Daraus entwickelte sich im Laufe der Zeit der heutige Name!

Wie fühlt es sich an für Sie in einem Ort zu wohnen der **Gottesgabe** heißt? Es gibt ihn bei Schwerin und auch in Thüringen.

Namen sind nicht Schall, noch Rauch. Sie stehen in Resonanz mit Ihnen! Wo wohnen Sie?

STRASSENNAMEN

Neben dem Ortsnamen ist der Straßenname bedeutend, da Sie ihn immer nennen und auch schreiben müssen. So besteht eine ständige Resonanz zu dem Namen.

Es gibt schon eigenartige Straßennamen. Was haben sich die Stadtväter nur dabei gedacht? In Steinfurt gibt es die Straße „An der Mettwurst" oder in Rostock-Brinkmannsdorf gibt es den „Gnatzkoppweg" und den „Knallerballerweg". Wir können davon ausgehen, dass alles Energie ist, alles Schwingung und fragen uns hierbei zwangsläufig, welche Resonanzen mit solchen Namensgebungen erzeugt werden.

Hier eine Auswahl an Straßennamen, die „das Glück begünstigen" und andererseits Straßennamen, die eine negative Ausstrahlung besitzen:

POSITIVE STRASSENNAMEN

Glücksburgstraße

Goethestraße

Goldammerweg

Erlenweg

Grüner Weg

Im Eichholz

In den Gärten

NEGATIVE STRASSENNAMEN

Friedhofsweg

Hass-Weg

Habichtstraße

Hexweg

Höllenweg

Arme Sünder Gasse

Krummer Weg

Kuriose Namen tun nicht wirklich weh. Aber wir fragen uns doch, wie kommt man auf das „Kaffeegäßchen"? Schön ist es sicherlich „Am Himmelreich" in Wertingen zu wohnen, oder wie sehen Sie das?

IN MANNHEIM SIND BESONDERS AUFFÄLLIG SO NETTE STRASSENNAMEN WIE:

- Frohe Arbeit
- Lichte Zeile
- Starke Hoffnung
- Planetenweg
- Zuflucht
- Große Ausdauer
- Kleiner Anfang
- Freie Luft
- Neues Leben
- Gute Erden
- Stiller Weg
- Guter Fortschritt
- Zäher Wille

Ich habe mit meiner Familie in der „Annemarie-Goßmann-Straße" in Wiesbaden gewohnt und mich deshalb mit dem Namen beschäftigt. Kurze Zeit später wurde ich zum Bürgermeister Herrn Goßmann gerufen. Es ging um einen Bebauungsplan für den „Platz der Deutschen Einheit" in Wiesbaden. Er wollte eine Feng Shui-Bauplanung für diesen Platz und er bekam sie auch. Das mag kurios erscheinen, bestärkt aber meine Überzeugung, dass alles Energie ist, und wir das anziehen, was wir aussenden oder mit dem wir uns beschäftigen.

DIE BEDEUTUNG DER HAUSNUMMER

Zahlen werden im Feng Shui des Ostens hintereinander gelesen. Nicht wie in der Numerologie des Westens, wo die einzelnen Zahlen addiert werden. Wohnen Sie z.B. in der Hausnummer 12, dann lesen Sie die Bedeutung der Eins und dann die der Zwei.

Gerade Zahlen sind Yin, ungerade Zahlen sind Yang. Günstig ist eine Mischung der beiden.

Im europäischen Vorgehen bevorzugt man die Addition der Zahlen und die anschließende Minimierung auf eine Zahl. Beispielsweise würden Sie dann die Zahl Drei nachlesen, wenn Sie in einem Haus der Nummer 12 wohnen.

DIE EINS

Die Hausnummer 1 steht für Unabhängigkeit, Neuanfänge, Selbstentwicklung und Fortschritt.

Menschen, die in der Zahlenschwingung Eins leben, folgen ihrem eigenen Instinkt. Sie lernen eher aus eigenen Erfahrungen als aus den Ratschlägen anderer. Wenn mehrere Personen das Haus beleben, so kann es zu großen Emotionen kommen. Wer sich hier zeitweise isoliert und einsam fühlen sollte, selbst innerhalb der Familie, sollte wissen, dass er den Rückzug braucht, um die richtigen Entscheidungen treffen zu können.

DIE ZWEI

Das Haus der Zwei steht für Erkenntnis, Wissen, Balance und Leichtigkeit.

Wer in einem Haus der 2 wohnt, sollte lernen Balancen zu schaffen: zwischen Arbeit und Familie, zwischen Privatleben und Dasein für die Gemeinschaft. Aus der Ausbalancierung der Gegensätze, der Polaritäten, zwischen dem Dasein für die Familie und der Selbstverwirklichung besteht die Chance zu einem erfüllten Leben.

DIE DREI

Das Haus mit der Nummer Drei ist Haus des Selbstausdrucks, der Kommunikation und des Optimismus.

Positives Denken führt zu positiven Resultaten. Ihr Gesellschaftsleben kann hier einen Aufschwung erfahren. Feste werden gefeiert und Menschen aus verschiedenen Kulturen und Lebenshintergründen werden hier ein und aus gehen. In diesem Haus kann man sich leicht übernehmen bei weiter wachsendem Schuldenberg.

Die Drei ist im Allgemeinen nützlich und von gutem Einfluss. Lassen Sie sich genügend Zeit für das Familienleben, die Erziehung Ihrer Kinder und die Zweisamkeit. Überfordern Sie den Anderen nicht mit Worten und sind Sie auf ungewöhnliche Anrufe gefasst.

Allerdings: Man kann sich auch allzu sehr übernehmen in einem Haus mit der Drei. Bei zu rascher Expansion kann es nachfolgend zur Zersplitterung kommen. Achten Sie darauf sich nicht finanziell zu übernehmen.

DIE VIER

Das Haus der Vier steht für Arbeit, Stabilität und Zusammenhalt.

Allerdings: Die Vier klingt im Chinesischen auch wie das Wort Tod. Nun könnte man leicht in die Annahme verfallen, dass das nichts mit uns Europäern zu tun hätte. Aber über die Vernetzung der Gedanken sind wir ebenso an diese Energie angeschlossen. Machen Sie doch einmal einen kinesiologischen Armmuskeltest und ermitteln Sie die Wirkung der Vier auf sich, indem Sie sie anschauen! Vielleicht ist es auch die europäische Aussage, die hinter der Vier wirkt. Diese besagt, dass alles, was begonnen wird, auch vollendet werden sollte. Das ist nicht selten mit „harter Arbeit" verbunden. Deshalb steht die Hausnummer Vier auch für Selbstdisziplin, Arbeit und Organisation, für Dienen und handwerkliches Geschick oder auch handwerkliche Notwendigkeiten.

Jede Zahl, die mit Vier endet, so wie auch die Hausnummern 24 oder 44, sollten Sie neutralisieren. Außerdem können Sie die Doppelacht auf Ihrer Haustür anbringen, um das doppelte Glück hereinzuziehen. Schließlich können Sie auch einen Kreis um die Vier anfertigen lassen, der die negative Wirkung bannt.

DIE FÜNF

Die Fünf steht für Energie, Abenteuer, Erfindungen, Emanzipation, Aufregung und Veränderung.

Die Fünf ist auf Philosophie, Religion und Mystik ausgerichtet. Hier werden finanzielle Vorhaben gefördert und man wird kommunikationsfreudig sein. Mit der Fünf setzt häufig eine Glückssträhne ein. Allerdings ist die Hektik nicht zu übersehen, der Trubel, die Bewegung, die Veränderung gehören auch zum Haus der Fünf. Wer bisher ein eher stilles Leben geführt hat, wird nun Anregung erhalten. Wer entsprechend seine Ruhe haben will und nur keine Veränderung, quasi das „Mönchsdasein", für den ist diese Hausnummer nicht günstig.

Die Fünf ist auch die Zahl der Bewegung, des Sportlichen und der Intuition. Als Zahl der Mitte vereint sie Yin und Yang gleichermaßen. In Kombination mit der Acht und Sechs ist sie doppelt so Glück bringend, nämlich als 65, 56, 58 und 85. Chinesen bezahlen sehr viel Geld, wenn man ihnen als Geschäftsadresse die Nummer 555 gibt, die absolute Glück verheißende Hausnummer, da sie die Zahl der Fünf Elemente und der Harmonie ist. Allerdings gibt es auch hier eine Seite, die Sie bedenken sollten: Verlangsamen Sie das Tempo und nehmen Sie sich mehr Zeit für die angenehmen Dinge des Lebens. In erster Linie aber fragen Sie sich: „Kann ich überhaupt (wenn auch nur temporär) allein sein"?

DIE SECHS

Das Haus der Sechs steht für Liebe, Mitgefühl, Dienst am Mitmenschen, Schönheit, Kunst, Verantwortung und Ausgewogenheit.

Im Zentrum allen Strebens steht in diesem Haus die Familie oder auch die Gemeinschaft der darin lebenden Menschen. Für andere etwas zu tun, Hilfe zu geben, wo sie benötigt wird und diplomatisches Vorgehen, stehen hier im Vordergrund. Gern wird man sich hier „das Herz ausschütten" und ein offenes Ohr vorfinden. Da man versucht ist mehr zu geben als zu empfangen wird es die größte Herausforderung sein, sich auch einmal zurückzuziehen und sich selbst Ruhepole zu verschaffen.

Wer dieses angenehme Haus so gar nicht mehr verlassen will, sollte sich einen Ruck geben und mehr in die Natur gehen, um auch dort wieder neue Kraft zu schöpfen.

DIE SIEBEN

Das Haus der Sieben steht für Kontemplation, Einsamkeit, Mystik, Rituale und Sicherheit.

In diesem Bildbeispiel ist die 7 mit dem Wort Himmel kombiniert. Dies ist doppeldeutig zu verstehen und könnte auch bedeuten: „Wir fühlen uns hier wie im 7. Himmel!"

Sehen Sie hier Beispiele dafür, wie „sicher" zu verstehen ist: Beispielsweise besagt die Kombination 47: „Der Tod ist sicher." Oder die Kombination 87: „Reichtum ist sicher." 278 sagt, dass es leicht und sicher ist, reich zu werden.

Die Sieben ist die Zahl des Eremiten, oder des Mystikers. Viele Alleingänger findet man in Häusern mit der Zahl Sieben. Man muss sich damit abfinden, dass man in diesem Haus geheimnisvolle Andeutungen per Telefon erhalten und man als Seelentröster für andere dienen wird. Macht man seine spirituellen Erfahrungen hier nicht, dann werden einige kleinere Missgeschicke und Unfälle den Weg einleiten.

DIE ACHT

Das Haus der Acht steht für Reichtum, Ehre, Macht, Fülle und Autorität.

Die Acht ist die Erfolgszahl im Feng Shui. Denken, Ordnung und Geduld werden mit ihr verbunden. Sie erinnert an die Doppelhelix des Menschen und an das Ewigkeitsprinzip des Universums, ist sie doch ohne Anfang und ohne Ende. Die Acht bedeutet auch doppelter Segen an Söhnen. Wenn Sie diesen Wunsch haben, dann wäre dies das richtige Haus für Sie! Aber auch geschäftlicher Erfolg erwartet Sie hier gleichermaßen, weshalb die Chinesen gern zwei oder drei Achten in der Hausnummer für besonders erstrebenswert erachten. Neben dem materiellen Gewinn ist auch die Entwicklung des Bewusstseins und der spirituellen Fähigkeiten hier angesprochen. Wer sich mit der Thematik des Überflusses beschäftigt, sollte es auch nicht verlernt haben, Bedürftigen einen Teil davon abzugeben. Pflegen Sie alte Freundschaften.

DIE NEUN

Das Haus der Neun steht für Gemeinschaft, Vollendung, Toleranz und Weisheit.

Im Abendland ist die Neun die Zahl der Vollendung. Hier strebt man einerseits nach Erleuchtung und Vollkommenheit und andererseits sucht man die Ruhe nach einem langen Weg des Helfens. Leute in der Hausnummer Neun beklagen sich häufig, dass sie zu sehr von Freunden und Bekannten wegen ihrer Hilfsbereitschaft gefordert werden. Dennoch sollten Sie Ihre alten Freunde nicht vergessen und an Ihrem Mitgefühl und Ihrer Weisheit andere teilhaben lassen.

MEISTERZAHLEN

DIE ELF

Das Haus für Personen, die im Rampenlicht stehen wollen. Hellsichtigkeit und mediales Heilen werden hier unterstützt.

DIE ZWEIUNDZWANZIG UND DREIUNDDREISSIG

Die großen Meisterzahlen unterstützen die medialen Fähigkeiten und die Meisterschaft in den physischen, emotionalen und mentalen Bereichen.

Die Bewohner werden dazu angeregt sich nach außen hin mitzuteilen und für andere ihre Fähigkeiten zur Verfügung zu stellen.

DIE AUSWAHL DES BAUPLATZES

Nehmen Sie längere Zeit Kontakt zu dem Grundstück auf, wo Sie bauen möchten und beobachten Sie es zu verschiedenen Tageszeiten. Meine Familie und ich suchten vor Jahren ein Haus. Als wir ein Angebot erhielten, hörte sich dies alles gut an. Als wir mit dem Makler das Haus besichtigten, gefiel uns die gute Feng Shui Lage: Es stand an einem Hügel, mit dem Blick über Wiesen und Felder. Allerdings, neben dem Haus befand sich eine Überlandleitung und das Surren der Leitungen störte uns gewaltig. Nie hätten wir hier wohnen wollen. Ein anderes Haus, was in der engeren Wahl stand, war ebenfalls sehr gut gelegen, mit dem Rücken an einem Hügel und mit dem Blick auf einen Dorf-Teich. Allerdings, als wir ein zweites Mal zur „Rush-hour“ dort waren und in die Umgebung hineinhorchten, fiel uns der Lärm einer Durchgangsstraße auf, der bis zum Haus durchdrang. Deshalb fiel auch dieses Haus aus der engeren Wahl heraus.

So ging dies eine ganze Zeit lang und jedes Haus hatte Nachteile, die wir nicht in Kauf nehmen wollten. Also beschlossen wir ein Grundstück zu suchen und neu zu bauen. Wir fanden in Hattenheim ein schönes Grundstück in einem neuen Wohngebiet, das alle Voraussetzungen einer guten Lage erfüllte: Es blickte über die Weinberge zum Rhein und war in sonnenexponierter Lage. Allerdings, die Weinberge gaben uns zu bedenken, da sie unmittelbar an das Grundstück anschlossen. Wir erkundigten uns, wie oft im Jahr die Weinberge gespritzt werden und erfuhren, dass 8 bis 10 Spritzungen schon allein gegen Mehltau notwendig seien. Viele Winzer schließen sich Gemeinschaften an, die mit Helicoptern über die Weinberge fliegen und von oben spritzen. Können Sie sich vorstellen, wie das ist, wenn man am Weinberg wohnt? Gesundheitliche Schäden sind zu befürchten. Die Allergieneigung oder auch Haut-Augenreizungen werden zunehmen.

Der Zufall wollte es, dass ich bei einer Hausberatung bei Venedig dies selbst miterlebte: Die Weinberge wurden breitflächig gespritzt und die Leute, die dies taten, waren weiß vermummt mit Atemschutz! Weitere Erkundigungen ergaben, dass schon einige Anrainer an Allergien litten. In Deutschland angekommen war klar, dass das Weinbergsgrundstück auch nicht in Frage kam. Ein anderes Grundstück in einem Neubaugebiet kam ebenso nicht in Frage, weil die Nachbarbebauung noch nicht feststand, so dass wir nicht wissen konnten, wie diese Gebäude auf unser Haus wirken würden.

So entschlossen wir uns, wieder nach gebrauchten Häusern in alten Wohngebieten zu schauen und kauften unser jetziges Haus. Es liegt in einer perfekten Südost-Nordwestlage, mit dem Blick über Bad Schwalbach und mit dem Rücken zum Berg. Der rechte Nachbar ist etwas höher als der linke (ein guter Drache) und der linke Nachbar ist in etwa so groß wie der rechte (ein starker Tiger). Da der Zugang zum Haus von der Talseite erfolgte, was ein sehr gutes Feng Shui darstellt, beschlossen wir kurzerhand das Haus zu kaufen. Nachfolgend bauten wir um und fühlen uns in diesem Haus sehr wohl. Allerdings: es verändert sich! Unsere drei Kinder wachsen und die Bedürfnisse werden den Kindern angepasst und auch unsere Bedürfnisse wandeln sich, so dass dieses Haus immer kleine Veränderungen mitmacht.

Wenn Sie neu bauen möchten und ein Grundstück in die engere Wahl gezogen haben, so achten Sie nicht nur auf die Lage nach den vier Tieren. Schildkröte (ein Berg oder Gebäude im Rücken), eine gute Aussicht in die Ferne (der rote Phönix) und die nachbarschaftliche Bebauung, die „umarmend" (Tiger und Drache) für Ihr Haus sein dürfen, aber nicht beengend. Achten Sie auch darauf, dass der Schattenwurf der Nachbarhäuser nicht übermäßig zu spüren ist und Ihnen nur Dunkelheit beschert. In Thailand habe ich deutsche Haussucher beraten und wir haben uns viele Grundstücke angeschaut. Das potentielle Baugrundstück lag nicht nur zu nah am Wasser und Befragungen der Nachbarn hatten tatsächlich ergeben, dass es hier schon zu Überschwemmungen kam, das Bauschild auf dem benachbarten Grundstück war das ausschlaggebende Aus: Es wurde neu gebaut und zwar ein Hochhaus! Der Schattenwurf und der übermächtige Baukörper hätte jedes Leben in dem potentiellen Haus förmlich erstickt. Vom Wiederverkaufswert einmal abgesehen, der denkbar schlecht gewesen wäre.

Ein Freund von uns hatte ein Haus gekauft, als Wertanlage, dessen Untergrund „rutschte". Leider taugte es nach dieser Erkenntnis keinen Pfifferling mehr. Erkundigen Sie sich entsprechend bei den Nachbarn, wenn es sich um eine Hanglage handelt, ob dort solche Dinge bereits bekannt sind.

HIER SIND NOCH EINE REIHE ANDERE KRITERIEN, DIE IHNEN HELFEN KÖNNEN, DAS RICHTIGE GRUNDSTÜCK ZU FINDEN

Sollte der Rasen grün und üppig sein, so handelt es sich um ein gutes Erd-Chi und die Bewohner werden es leicht haben, reich und angesehen zu werden.

Sind die Bäume der Reihe nach gedreht und krank, dann sollte man Abstand von diesem Platz nehmen. Auch der Mensch wird hier krank. Da, wo sich Bienen und Ameisen aufhalten, sind Erdstörzonen. Meiden Sie diese Plätze! Am besten beauftragen Sie über die Fachschaft der Rutengänger eine Begehung Ihres Grundstückes.

AUSWIRKUNG GEOPATHISCHER STÖRZONEN

Gesundheitsprobleme für Menschen und Tiere; Bienen produzieren mehr Honig; Sensible, elektronische Geräte fallen aus; Weiße Ameisen leben gern in diesem Bereich; Pflanzen und Bäume wachsen schief, verdreht und tragen meist weniger Früchte; Sogenannte „Krebsgeschwüre und Pilzbefall" treten häufiger an solchen Bäumen auf; Bäume gabeln sich.

HINTERFRAGEN SIE, OB DER BODEN DURCH ALTLASTEN VERGIFTET SEIN KÖNNTE

Wenn der Boden vergiftet ist, dann sollten Sie Abstand von diesem Grundstück nehmen. Anderenfalls werden Sie viel Geld und Zeit verlieren, vielleicht auch die Gesundheit. Sollten Sie schon ein solches Grundstück besitzen, so müssen die Bodenschichten nach und nach abgetragen und entsorgt werden. Mit neuer Erde wird dann wieder aufgefüllt.

Als meine Freundin Anja ein Ferienhaus in Glücksburg angeboten bekam, rief sie mich voller Freude an, weil ihr der Ort schon immer gut gefiel und sie nun dort ein Ferienhaus angeboten bekommen hatte. Als sie mir allerdings erzählte, dass der Makler gesagt hätte, dass es kein Problem sei, die giftigen Substanzen aus dem Boden zu entfernen, wurde ich hellhörig. „Willst Du wirklich ein mit Schadstoffen versehenes Grundstück kaufen?", fragte ich sie. Nach einigen Überlegungen ihrerseits war klar: Nein!

Warum sollten Sie sich ein Grundstück mit solchen Makeln kaufen, wenn es doch noch andere Grundstücke gibt? Alles im Leben hat seinen Sinn und wenn es dieses Grundstück oder Haus nicht ist, so ist es ein anderes!

Wichtig ist nur: Sie sollten genau wissen, was Sie sich von Ihrem neuen Domizil erwarten. Visualisieren Sie es und Sie werden es leichter finden als Sie glauben!

PRÜFEN DES BAUPLATZES AUF STÖRZONEN DURCH EINEN RUTENGÄNGER

Zirka 2200 v. Chr. erließ Kaiser Kuang Yü in China ein Edikt (Erlaß), wonach kein Haus gebaut werden durfte, bevor die „Erdwahrsager", gemeint waren Rutengänger/Pendler, nicht festgestellt haben, dass die Baustelle frei von „Erddämonen", sprich „Erdstrahlen", ist.

Die Fachschaft Deutscher Rutengänger beschäftigt sich mit den Messungen und Auswirkungen der Störzonen. Ich habe meine Erkenntnisse von der Fachschaft der Rutengänger und auch durch den Rutengänger Herrn Schuck aus Michelbach im Odenwald, der schon seit mehr als 20 Jahren mit mir zusammenarbeitet und mir die Informationen zur Verfügung gestellt hat, wofür ich ihm sehr dankbar bin. Denn, wenn Sie auf einem Grundstück bauen wollen, so sollten Sie es auch auf Störzonen hin untersuchen lassen. Diese Vorauswertung bekommt Ihr Feng Shui-Meister und wird dann die für Sie beste Planung des Hauses auf dem Grundstück in Abstimmung mit den Himmelsrichtungen und Geburtsdaten der Familienmitglieder vornehmen.

Es gibt verschiedene Störzonen, die auf dem Grundstück laufen und die ebenso Beachtung finden sollten, wie die bereits erwähnten. Ich möchte Ihnen hier einige davon näherbringen, die auch Auswirkungen auf das Leben und die Gesundheit der Bewohner haben werden, wenn man später dort seinen Schlafplatz plant.

Natürlich sind es allein schon kranke Bäume, die auch einen Hinweis auf Störzonen geben können. Gedrehte Baumstämme sind ein Hinweis auf wasserführende Zonen und gegabelte Bäume auf Gesteinsbrüche u.ä.

Die Netzgittersysteme sind mit technischen Messmethoden zurzeit noch nicht direkt nachweisbar. Unser Rutengängermeister, Herr Schuck aus dem Odenwald, misst noch wie zu früheren Zeiten diese Netze mit der Rute. Allerdings, es gibt nicht viele Rutengänger, die hier präzise Messungen vornehmen. Sie brauchen einen Rutengänger Ihres Vertrauens.

An Kreuzungspunkten und an Orten mit mehreren Energiezonen können auch ohne technische Messinstrumente biologische Veränderungen durch Netzgittersysteme festgestellt werden. Durch die Strukturen der Netzgitter ergeben sich Interferenzen von stehenden Wellen. Die Netzgittersysteme sind nicht global und weltumspannend gleichmäßig vorhanden. Die örtliche Maschenweite und Ausrichtung der jeweiligen Systeme ist abhängig von lokalen tektonischen Gegebenheiten oder spezifischen lokalen Interferenzen. Die Auswirkungen von Wasseradern, Erdverwerfungen, Gesteinsbrüchen und Gitternetzen ist vielfältig. In einem sind sie aber alle gleich: sie schwächen das Immunsystem und bereiten damit den Nährboden für Krebserkrankungen.

Pflanzen und Tiere können Hinweise auf Störzonen geben. Katzen halten sich auf diesen Zonen gern auf und Wespen bauen hier gern ihre Nester. Die Mistel, die Brennnessel und der Mohn gedeihen hier prächtig. Das nebenstehende Bild zeigt einen Baum auf einer Störzone. Sehen Sie hier die sogenannten „Strahlensucher":

STRAHLENSUCHER

Katzen
Schlangen
Bienen
Mückenschwärme
Mohn
Farn
Weißdorn
Fingerhut
Johanniskraut
Weiden

Eulen
Ameisen
Mistel
Pilze
Wacholder
Brennnessel
Minze
Eichen
Tannen

Nachfolgend habe ich Ihnen die sogenannten „Strahlenflüchter" aufgelistet, die einen Hinweis darauf geben, dass, wo auch immer sich diese Tiere wohlfühlen, auch der Mensch einen guten, wenn nicht sogar einen „Ort der Kraft", einen Kraftplatz erwarten kann.

STRAHLENFLÜCHTER

- Pferde
- Störche
- Schwalben
- Schweine
- Schafe
- Kaninchen
- Meerschweinchen
- Tauben
- Ziegen
- Hühner

GITTERNETZE
UND IHRE MÖGLICHEN AUSWIRKUNGEN

Die Erkenntnisse über die Gitternetze und die dazugehörigen Unterlagen hat mir für dieses Buch unser Rutengängermeister, Herr Schuck, zur Verfügung gestellt, dem ich herzlich dafür danke.

DAS GLOBALNETZGITTER

Es wurde zuerst von Dr. Ernst Hartmann in der Mitte des letzten Jahrhunderts entdeckt und erforscht und wird deshalb auch manchmal als Hartmanngitter bezeichnet. Es läuft von Süden nach Norden und von Osten nach Westen. Die Linien des Netzes laufen in einem Abstand von zirka 2,80 m auf zirka 3,20 m. Die Breite der Linien beträgt etwa 20 bis 25 Zentimeter.

Mögliche Auswirkungen:
Die Linien der Gittersysteme sind in der Regel harmlos. Auf Kreuzungspunkten zu schlafen sollte auf jeden Fall gemieden werden, da sie einen magnetischen Einfluss auf den Menschen ausüben. Sie können wie alle geopathischen Störstrahlen mit dazu beitragen, Krankheiten bis hin zum Krebs auszulösen.

DAS CURRYGITTERNETZ

Dieses Netz wurde nach dem gleichnamigen Arzt M. Curry benannt. Es wird auch als das Diagonalgitternetz bezeichnet und verläuft regelmäßig über die gesamte Erde. Die Gitterbreite ist zirka 3 bis 3,50 m (mit einer Linienbreite von ca. 50 – 70 cm) bei einer Ausrichtung in NO-SW und in NW-SO, diagonal zum Globalgitternetz. Dieses Gitter ist unterschiedlich polarisiert und ist von Zeit und Wetter abhängig. Auch wirkt es mit Stör- und Reizquellen stärker auf unseren Körper.

Mögliche Auswirkungen:
Herzrhythmusstörungen
Migräne
Unterleibsbeschwerden
Nierenleiden
Rückenbeschwerden
Potenzprobleme

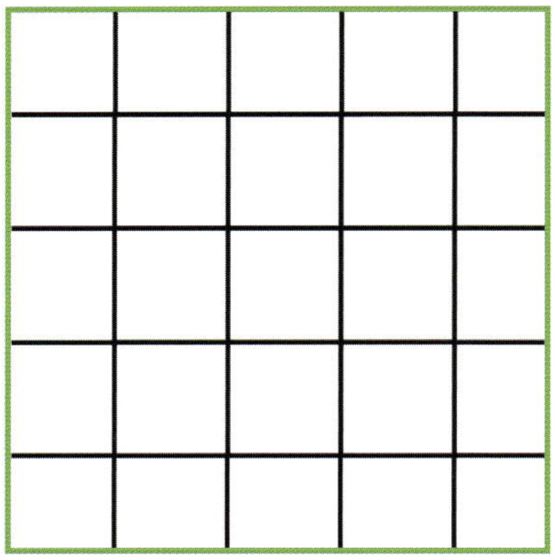

Das Globalnetzgitter

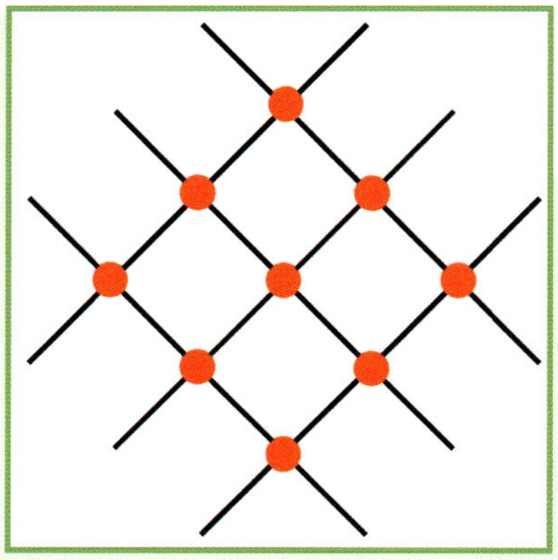

Das Currygitternetz

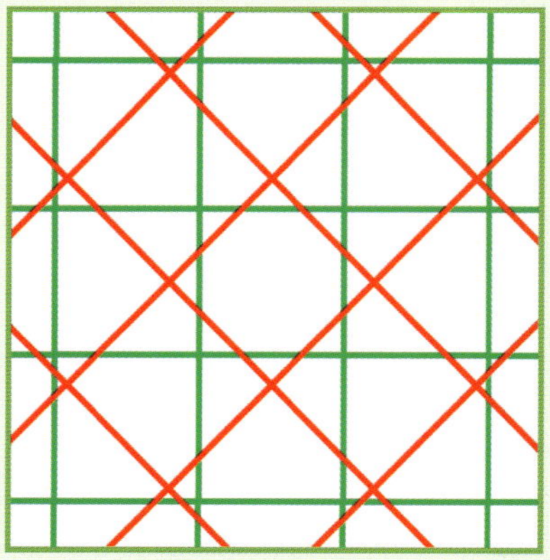

Beide Netze in Überlagerung

KUBISCHES BENKERGITTER

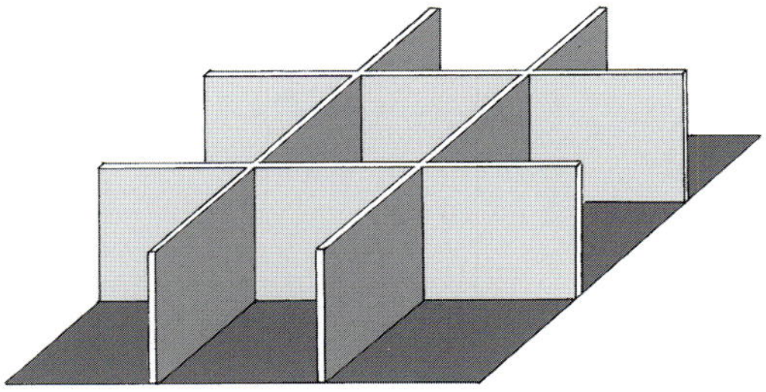

Innerhalb des Hartmanngitters gibt es ein weiteres bekanntes Energiesystem mit einer Maschenweite von 10 m x 10 m, das nach seinem Entdecker Anton Benker auch Benkergitter genannt wird.

Das Benker-Kubensystem kann man sich als Quader vorstellen, mit einer abwechselnden Plus- und Minuspolung. Wenn man beispielsweise länger auf einer Pluspolung liegt oder darauf seinen Arbeitsplatz hat, so können Entzündungen, Überreizungen und Geschwüre entstehen.

Wenn Sie sich auf der Minuspolarität aufhalten, so beruhigt diese kurzzeitig, aber längerfristig entzieht sie dem Körper Energie, so dass es zu Organanfälligkeit und zu Schwächezuständen kommen kann. Diese Auswirkungen sind dann der Fall, wenn zu dem kubischen Benkergitter noch andere Reizzonen wirksam sind, wie das Globalnetzgitter, Wasseradern, elektrische Geräte, Spiegel, Metallgegenstände und dergleichen. Bekannt ist, dass das atomare Gitter nach Benker eine gerichtete Strahlung der Ionisierung hat, die besonders hoch ist. Diese kann dann die betroffenen Moleküle und Zellen schädigen.

Somit erklärt es sich auch, dass es ungünstig, wenn nicht sogar für die Gesundheit äußerst gefährlich ist, an den Reizzonen des Benkergitters zu liegen, denn die Zellzerstörung kann nicht so leicht vom Immunsystems ausgeglichen werden. Das Benker-System wirkt auf Zellen pathologisch, vor allem die Reizzonen der Nord-Süd-Strahlung und an Kreuzungspunkten.

Benker stellte einen Zusammenhang zwischen Patienten mit Multipler Sklerose und deren Schlafplatz an einem kubischen Benkergittter fest.

Mögliche Auswirkungen:
Die Rate an Krebskrankheiten soll hier zunehmen.

ERDVERWERFUNGEN

Erdverwerfungen sind aufgerollte Erdschichten die sich im Laufe der Jahrhunderte entwickelt haben. Ähnlich wie beim Gesteinsbruch kommen verschiedene Erdschichten zusammen, die Abstrahlung ist jedoch wesentlich stärker.
Oft treten Bewusstseinsveränderungen auf wie Streitsucht, Gereiztheit, Depressionen, sich abkapseln, Entwicklungshemmung.

Geologische Verwerfungen sind das Ergebnis der unregelmäßigen Tektonik der Erde, wie Spalten, Risse, Höhlen und dergleichen, aber auch Erzführungen, Erdöl oder Kohle. Man vermutet, dass es eine Mikrowellenstrahlung ist, die durch Neutronenstrahlung angeregt wird. Fest steht, wenn der Mensch sich dauerhaft in diesem Bereich aufhält, wird seine Gesundheit gefährdet.

Mögliche Auswirkungen:
Schlafstörungen
Gereiztheit
Depressionen
Streitsucht
Angstzustände und Alpträume
Sehr häufig bei Kindern: Entwicklungsstörungen und Lernschwierigkeiten
Konzentrationsschwierigkeiten
Kinderlosigkeit
Fehlgeburten

GESTEINSBRÜCHE

Die Erde besteht aus mehreren Schichten und Hohlräumen. Im Inneren der Erde kommt es immer wieder zu Verschiebungen der verschiedenen Gesteinsschichten. Dadurch bedingt entsteht ein sogenannter elektromagnetischer Effekt, den man an der Erdoberfläche spürt. Solche Brüche können an Hügeln, aber auch im Flachland vorkommen. Beobachten Sie einmal Risse an den Wänden von Häusern: sie können ebenso eine Auswirkung eines solchen Gesteinsbruches sein, wie ganze eingebrochene Straßenzüge.

Mögliche Auswirkungen:
Schädigungen für das Haus.
Die Bewohner sind sprichwörtlich einer „Zerreißprobe" ausgesetzt.

WASSERADERN

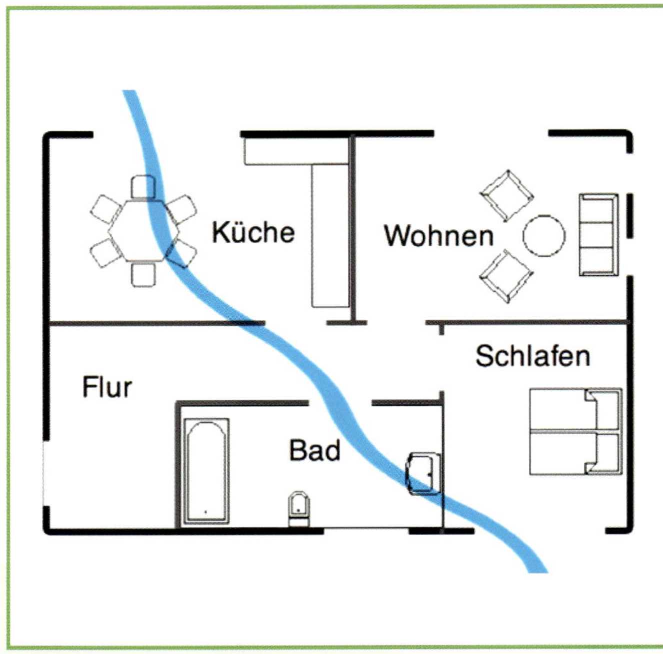

Wenn Sie schräg wachsende Bäume auf dem Grundstück sehen, auch solche, deren Stamm sich dreht, die innen hohl und morsch werden oder krebsartige Geschwüre aufweisen und sich die Ameisen tummeln, kann es sich um eine Wasserader handeln. Die Erde ist in ihrem Inneren sehr lebendig und arbeitet. Sie enthält ein riesiges Netz von unterirdischen Wasseradern. Wasseradern haben die Eigenschaft, Schwingungen aus ihrer Umgebung aufzunehmen und längere Zeit zu konservieren. Wasseradern, die Interferenzen gespeichert haben, senden disharmonische Wellen aus, die für den menschlichen Körper sehr belastend sein können. Außerdem bringen sie noch die Nord-Süd-Ausrichtung des magnetischen Feldes durcheinander, in so einem Fall spricht man von einer Anomalie.

Mögliche Auswirkungen:
Schlaflosigkeit
Ermüdungszustände
Kopfschmerzen
Herzrhythmusstörungen
Schweißausbrüche

KRAFTZONEN AUF DEM GRUNDSTÜCK

Leylines sind Energiebahnen, die unseren Planeten wie Meridiane umspannen und Städte, Kultplätze und auch alte Kirchen miteinander verbinden. Man darf Leylines jedoch nicht mit Erdstrahlen verwechseln. Die Energie fließt auf den zumeist gradlinigen Bahnen, aber nicht in einem Raster, wie z.B. die erdumspannenden Hartmann- oder Currygitter, die wie ein Koordinatensystem auf der Erde liegen.

Allerdings können die Kraftlinien durch große Betonbauten in den Städten abrupt unterbrochen werden. Die Leylines haben einen sehr starken Lebensstrom in sich. Dort wo er fließt, wird die Menschen-, Tier- und Pflanzenwelt inspiriert und das Wachstum gefördert, vor allem, wenn seine Energie durch Steinsetzung transformiert wurde, dies kann man oftmals sehen.

Der Begriff Leylines wurde zu Beginn des 20. Jahrhunderts von Alfred Watkins, einem Engländer, geprägt. Kraftlinien bzw. Leylines sind ein pulsierender Meridian. Die Linien stecken also voller Lebenskraft.

Kraftlinien sind häufig inmitten der Landschaft, in Städten zum Beispiel an Denkmalplätzen und in alten Kirchen besonders am Altar zu finden. Leider besitzt nicht jeder Ort und somit auch nicht jede Kirche diese Kraftlinien. Sie sind für das menschliche Auge nicht sichtbar. Rutengänger nehmen sich meistens eine Landkarte zu Hilfe, um die Leylines, die sie bereits gefunden haben, auf der Karte zu markieren. Als Faustregel gilt: Kraftlinien sind überall dort, wo man sich wohlfühlt und eine positive Energie verspürt, wo man sich mit wertvoller Lebensenergie aufladen kann. Leylines können durch große Gebäude unterbrochen werden. Gerade in der heutigen hektischen Zeit haben viele Menschen verlernt, Kraftlinien zu finden. Tiere hingegen haben sich diese Gabe bewahrt. Kraftlinien befinden sich meistens in der Natur. Überall dort, wo die Bäume, Pflanzen und Sträucher gesund sind, kann davon ausgegangen werden, dass sich dort Kraftlinien befinden, die die Pflanzen mit wertvoller Lebensenergie versorgen. Diese Energie lässt sich auch auf den Menschen übertragen. Viele Menschen gehen in dieser Umgebung spazieren und bereichern sich an der dort gebotenen Energie. Wer vermutet, dass in seinem Garten Leylines zu finden sind oder an einem bestimmten Punkt einen starken Energiefluss spürt, der sollte dort Pflanzen anpflanzen. Wenn die Pflanze prächtig heranwächst ist das ein Zeichen für eine Kraftlinie. Sollte die Pflanze kümmerlich wachsen oder gar vertrocknen, ist an dieser Stelle keine Leyline zu finden. Neben Leylines sind auch andere den Körper des Menschen aufbauende Zonen der Erde anzutreffen. Sie sollten dementsprechend nicht nur auf dem Grundstück nach Störzonen, sondern auch nach „Kraftzonen“ suchen lassen.

Man kann zu diesem Zweck mit der Rute auch den Menschen an verschiedene Plätze des Grundstücks führen und dort einen Chakratest mit der Rute machen. Es gibt Zonen, die mehr mediale Fähigkeiten stärken, andere das Mitteilungsbedürfnis. Das erste Mal habe ich von Dr. Klinghardt vor einigen Jahren ein Video gesehen, in dem er diese Vorgehensweise bei einer Grundstücksuntersuchung demonstrierte. Ist der Platz beispielsweise günstig, um das zweite Chakra zu aktivieren (dieses befindet sich in der Mitte der Stirn, in Höhe der Augenbrauen), so eignet sich später dieser Platz beispielsweise hervorragend für ein Arbeitszimmer. Ich selbst bevorzuge zu diesem Zweck kinesiologische Tests, Muskeltests, die aus dem therapeutischen Bereich kommen. Diese Tests stammen von dem amerikanischen Chiropraktiker Dr. George Goodheart.

Welche Methode zur Feststellung von Kraftzonen Sie verwenden, die Beobachtung, die Testung mit der Rute oder auch den kinesiologischen Test, bleibt Ihnen überlassen. Meiner Meinung nach sollte man in jedem Fall nicht nur nach den „schlechten“ Plätzen schauen, sondern auch nach denen, die den Menschen guttun.

PRÜFUNG DER HAUSUMGEBUNG IN BEZUG AUF STRASSENVERLÄUFE UND BENACHBARTE GEBÄUDE UND STRUKTUREN

Günstige Straßenformationen bringen nährende Energie mit sich, Gesundheit, Glück im Beruf, Wohlstand, Harmonie in der Familie, Erfolg in der Schule und gute Beziehungen zu Freunden und Verwandten. Dazu sollte das Haus an der Innenseite einer Kurve oder eines Wasserlaufes, in einer Halbhöhenposition mit einem geschützten Rücken zum Berg, oder in der Nähe von Schutz gebenden Häusern stehen.

Vermeiden Sie am Ende einer Sackgasse zu wohnen!
Es sei denn, es handelt sich um einen Wendehammer. An einem runden Wendehammer zu wohnen, ist wie ein Geldsack und förderlich für die Bewohner, wenn dieser groß genug und begrünt ist.

Vermeiden Sie an einer T-Kreuzung zu wohnen!
Abhilfen: *Pergola, Mauer, Eingang verlegen, Schutzbogen errichten oder Bäume pflanzen.*

Vermeiden Sie in einer engen Kurve zu wohnen!
Abhilfen: *Mauer und Bepflanzung zur Kurve hin.*

Vermeiden Sie an einer stark befahrenen Straße zu wohnen!
Abhilfen: *Blumenkästen und Bepflanzung, Mauern.*

Vermeiden Sie am Außenrand einer Kurve zu wohnen!
Abhilfen: *Mauer und Begrünung zur Straße hin.*

Vermeiden Sie an einer Straße zu wohnen, von der Sie bergab zu Ihrem Grundstück gelangen!
Abhilfen: *Verlegen Sie am besten den Eingang zur Talseite, wenn nur die geringste Möglichkeit bestehen sollte, von einer Parallelstraße hereinzukommen. An der Talseite Ihres Grundstückes sollten Sie hoch wachsende Bäume oder Sträucher pflanzen, die Ihnen allerdings nicht die Sicht versperren oder Schatten auf Ihren Hintereingang, Ihre Terrassen- oder Balkontür werfen dürfen. An der Talseite kann auch ein Gartenhäuschen mit einer Fahne darauf oder einem Licht auf der Dachspitze ein guter Feng Shui-Ausgleich sein. Bringen Sie Licht auch so an, dass es vom Boden in Richtung Himmel weist.*

Ungünstige Hauslagen

Verwaisen – Allein bleiben

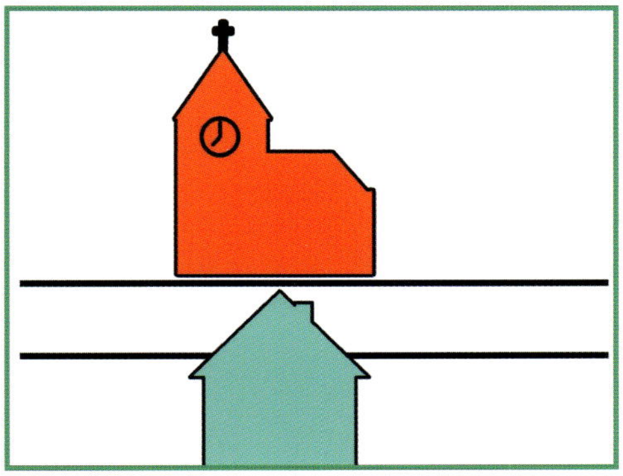

Der Schwertschaft

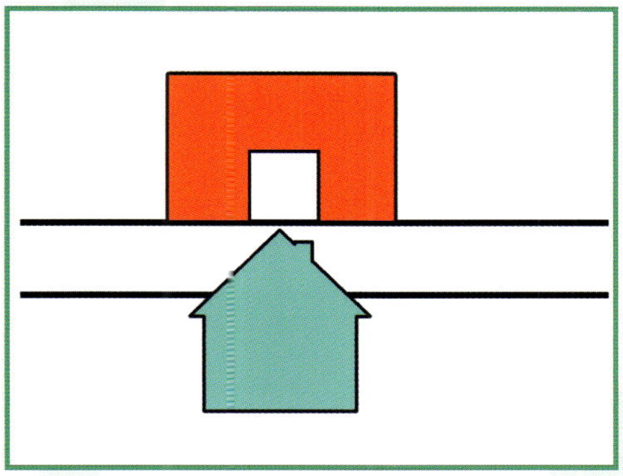

Drohender Berg

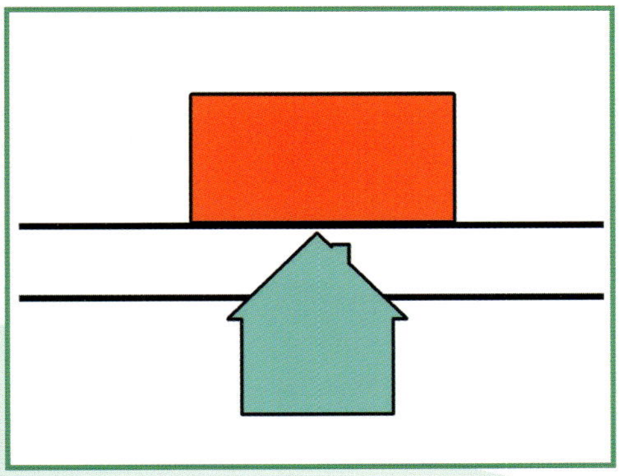

Durchbohrtes Herz

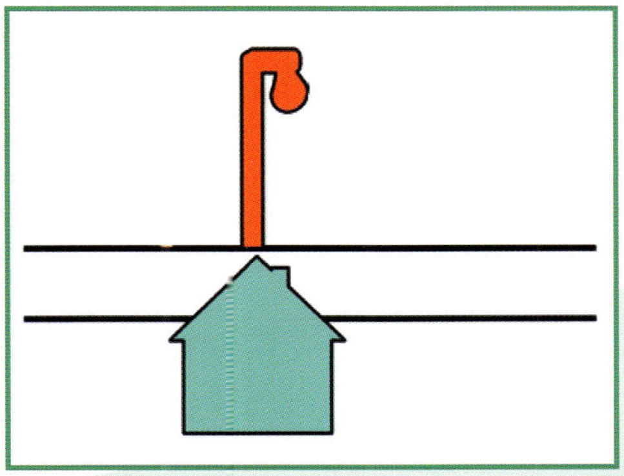

Gebrochener Tiger

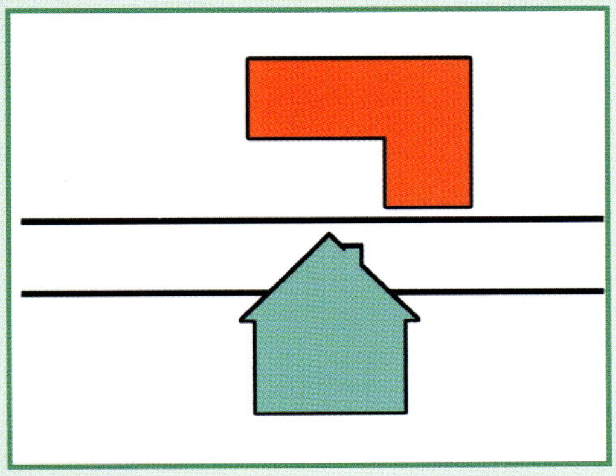

Aufgesetzter Kopf

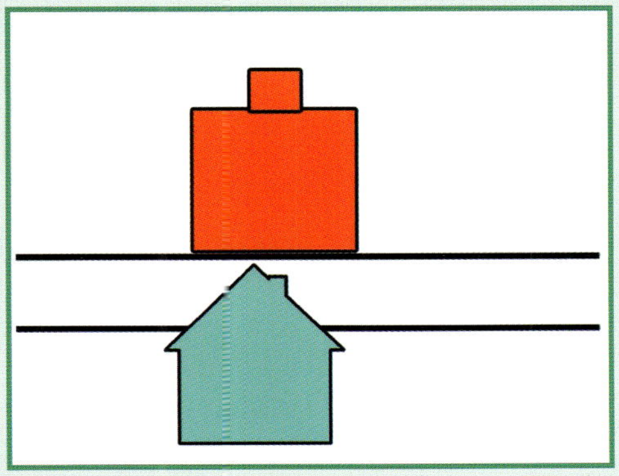

Ohne Feng Shui

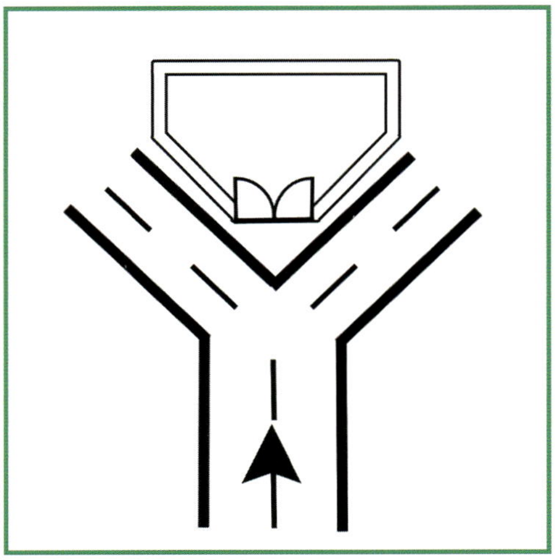

Die Straße läuft direkt auf den Eingang zu. Legen Sie die Eingangstür auf die Seite des Hauses!

Mit Feng Shui

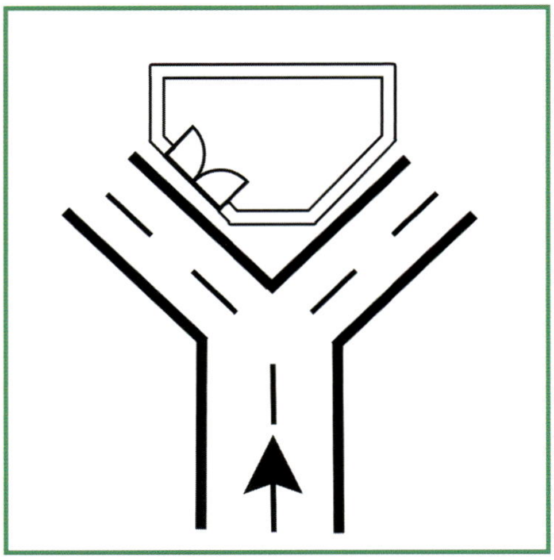

Setzen Sie unter Berücksichtigung des vorhandenen Baufensters das Haus zurück und schaffen eine Mauer im vorderen Teil, wie in der Abbildung zu sehen ist.

Ohne Feng Shui

Mit Feng Shui

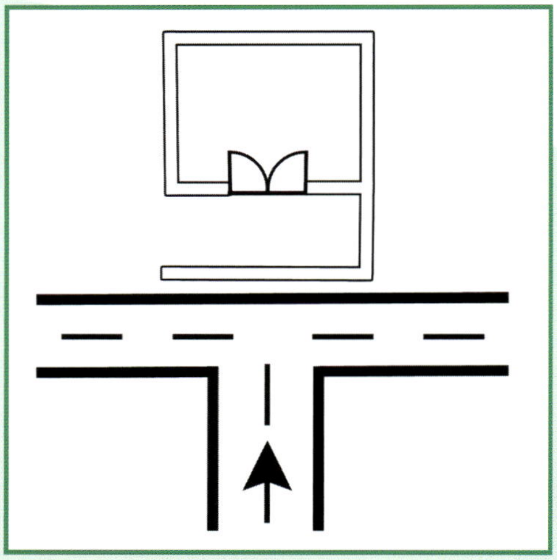

Hier ein Beispiel einer Schutzmauer mit eingearbeiteten konkaven Spiegeln auf der dem Betrachter hier abgewandten Seite, die das ankommende Sha-Chi einer gegenüberliegenden Zufahrt abschirmen.

SONDERPOSITIONEN VON HÄUSERN

Viel Land um ein Haus bedeutet, dass die Bewohner freiheitsliebend sind, ein starkes Ruhebedürfnis haben und ihre Privatsphäre schützen möchten.

Wenn man ein höheres Haus im Blick hat, so werden sich die Bewohner erdrückt oder auch „bevormundet“ fühlen. Fällt zudem noch der Schatten auf das eigene Haus, so ist dies eine besonders unglückliche Situation.

Häuser auf einem Bergrücken, von dem mehrere Straßen abschüssig weggehen, bedeuten:
Alles, was durch harte Arbeit erworben wurde, wird ohne Vorwarnung wegrollen.

Häuser an einer abschüssigen Straße:
Die nach unten rollende Energie wird das Glück und die Gesundheit der Bewohner schwächen.

Häuser in der Nähe von Flughäfen sind in Beziehung zur Rollbahn zu sehen.
Kommt sie auf Sie zu, so bringt sie Sha-Chi-Auswirkungen mit sich.

Unbefestigte Wege und Schotterstraßen leiten das Chi besser als gepflasterte Straßen.

Sich windende Straßen räumen dahinschießendes Sha-Chi aus.

Eine Straße, die einen Standort umschließt, ihn aber nicht wie eine Schlinge einengt, ist positiv und trägt günstige Energie mit sich.

Achten sie darauf dass Bäume, die sehr groß werden können, nicht später Schaden am Haus zufügen, Licht wegnehmen und mit ihren Ästen und Zweigen, gleichsam Fingern, das Haus berühren.
Feuchtigkeit könnte so zu einem Problem werden durch die Beschattungen und die Dachrinnen obendrein verstopfen!

STANDORTE IN BEZUG ZUR SONNE

DER DRACHE REITET DEN TIGER

Sie befinden sich auf der Nordseite und ein höheres Gebäude befindet sich auf der Südseite. Eine Klientel bat mich vor Jahren, sie im Hinblick auf die Wahl des Hauses zu begleiten. Sie hatte die Möglichkeit, günstig die Nordseite einer Doppelhaushälfte zu kaufen. Die Südhälfte war deutlich teurer, weshalb sie eher zur Nordseite tendierten. Diese Lage entsprach der oben genannten Position und bedeutet für die Bewohner der Nordhälfte wenig Energie, Armut und Krankheit.

Mein Klientel kaufte die Südhälfte und ihre Geschäfte gediehen zusehends, so wie auch ihr Leben in dieser Südhälfte sehr viel Lebensqualität mit sich brachte: Sie fühlten sich wie im Süden, wo sie in Peloponnes tatsächlich ein Ferienhaus hatten.

Die Nord-Hälfte des Doppelhauses blieb lange leer. Dann zog eine Familie mit zwei Kindern ein. Sie hatten gehört, dass man im Feng Shui den Norden mit Metall, den Farben Weiß, Schwarz und Grau gestaltet und taten dies auch. Sie verstärkten mit diesen Maßnahmen in der Tat die Energie des Nordens und verstärkten auf diese Weise die Energien von Armut und Krankheit.

Als ich wieder einmal bei den Bewohnern der Südhälfte zu Besuch war, hörte ich von den Nachbarn, wie schlecht es ihnen ging und kurzerhand kam die Nachbarin und bat mich, doch einmal bei ihr ins Haus zu schauen und ihr zu sagen, was denn mit dem Haus nicht stimme. Als ich den schwarzen Marmorboden sah, die schwarzen Arbeitsplatten in der Küche, die Metallstühle am Esstisch, den Glas-Esstisch und die schwarze Ledercouch erschrak ich förmlich. Ihre Geschichte, die sie mir nachfolgend erzählte, passte genau zu dem energetischen Bild des Hauses: Ihr Mann war arbeitslos geworden. Er hatte sie in der Folge wegen einer anderen Partnerin verlassen und sie selbst war unerklärlich schwer krank geworden, hatte einen Zusammenbruch und war gerade dabei sich davon zu erholen.

Erst die Veränderungen mit den Farben Gelb, Rot und Grün brachten Veränderungen zum Positiven. Auf den schwarzen Marmorboden wurden wollweiße Teppiche gelegt, um das Schwarz, welches die Farbe des Wassers symbolisiert, zu dämpfen. Rot brachte die Energie der verlorenen Sonne in den Raum. Die Farbe Grün im Zusammenklang mit Pflanzen brachte frische und lebensbejahende Energien mit sich. Dazu wurde die Sonnenfarbe Gelb, die Farbe der Erde und des Spätsommers, in das Haus eingebracht.
In meiner mehr als 20jährigen Feng Shui-Arbeit habe ich viele Schicksale angetroffen, die in dieser Schwere vermeidbar gewesen wären.

Ungünstig

Das Haus oder Grundstück befindet sich an einem Südhang und die Sicht ist nach Norden, die Sonne ist hinter dem Berg im Süden.

Günstig

Das Grundstück oder Haus liegt mit dem Rücken zum Norden, Nordosten oder Nordwesten und die Sicht geht nach Süden, Südosten oder Südwesten.

DIE HAUSLAGE IST ENTSCHEIDEND

Wo auch immer Sie wohnen, die Umgebung prägt Sie und ist für Ihr Glück entscheidend.

AUF EINEN BLICK

Das Haus benötigt einen Berg im Rücken und eine freie Sicht nach vorn, geschützt rechts und links durch Häuser, die nicht einengen oder Hügel, die einen Schutz darstellen. Berg und Wasserformationen nehmen im Feng Shui eine wichtige Stellung zur Beurteilung der Landenergie, die das Haus umgibt, ein. Landformationen beeinflussen die Geschwindigkeit des Energieflusses, die Arten von Energie und bestimmen, ob die Energien harmonisch, aggressiv, positiv oder negativ sind. Im trockenen Flachland wird Chi durch den Wind leicht zerstreut und kann sich weniger gut sammeln. In einem bergigen oder hügeligen Landstrich hingegen ist dies wesentlich günstiger. Dort, wo sich Wasser befindet, kann dies sehr positiv sein. Befindet man sich in einem geringeren Abstand als 300 Meter von einem Fluss entfernt und nicht in der Halbhöhenlage, so können potentielle Überschwemmungen viel Schaden anrichten. Dies geschieht immer wieder auch mit dem Übertritt des Rheinufers. Berge hingegen werden im Feng Shui im Allgemeinen als still oder Yin bezeichnet. Wer in einer Berggegend wohnt, ist abhängig von der Entfernung der Berge zu seinem Wohnhaus. Wenn er im Schattenareal der Berge wohnt, so bedeutet dies ein Übermaß an Yin-Energien, die die Bewohner antriebslos werden lassen können, missmutig und sorgenvoll. Ein guter Standort wird einerseits die Energie der Berge – Yin – und andererseits Wasser – die Yang-Energie – bereithalten. Eine üppige Vegetation zeigt an, dass die Umgebung mit Sauerstoff gut versorgt wird und dadurch auch mit Chi. Schadstoffe können gut gefiltert werden. Dennoch, wer zu nah am Wald wohnt, bekommt zu viel Feuchtigkeit und Kühle von dort mit und dies ist wiederum ein zu vermeidendes Yin-Kriterium. Befinden Sie sich zudem in einer eher zugigen Lage, so brauchen Sie zum Ausgleich Bäume und Mauern, um sich wieder windgeschützte, ruhige Plätze zu schaffen, die das Chi bewahren.

DIE IDEALE UMGEBUNG
FÜR EIN HAUS NACH DEN VIER TIEREN

Im Feng Shui geht man davon aus, dass vier Faktoren in der Umgebung einen guten Standort ausmachen: Man bezeichnet im Feng Shui diese Faktoren als „Tiere“ oder irdische Äste, die durch ihre Symbolsprache allein schon die Art beschreiben, die sie ausdrücken.

Jedes „Tier“ steht für eine Jahreszeit, Himmelsrichtung und Farbe:
Grüner Drache: Frühling – Osten – Immergrüner Bewuchs, Obstbäume;
Roter Phönix: Sommer – Süden – freie Sicht;
Weißer Tiger: Herbst – Westen – hügeliges Gelände und laubabwerfende Bäume;
Schwarze Schildkröte: Winter – Norden – Schutz durch Mauern, Bäume oder Häuser.

SCHWARZE SCHILDKRÖTE

Sie stellt die Rückenlehne für das Haus dar und gibt Schutz wie der Panzer einer Schildkröte. Dies kann ein Berg, eine Baumreihe, ein Nachbarhaus, ein Zaun oder eine hohe Hecke im Rücken des Hauses sein.

ROTER PHÖNIX

Vor dem Haus sollte sich eine freie Fläche befinden. Sie gewährt den Bewohnern den Weitblick im Leben. Wenn der Weitblick auf einer kleinen Insel ruht oder einem Erdhügel, so entspricht diese Aussichtslage der „Perle“ die viel Geld verheißt. Eine äußerst günstige Lage. Allerdings: Eine Garage in Sicht vor dem Haus blockiert den Chifluß.

GRÜNER DRACHE

Er ist der mächtige Bewacher an der rechten Hausseite. Idealerweise sollte er größer und dominanter sein als der Tiger. Er muss weit genug entfernt sein, um das Haus nicht zu beengen.

WEISSER TIGER

Er liegt an der linken Hausseite und ist sanfter und niedriger als der Drache. Jeder Berg, jeder Hügel kann Drache oder Tiger sein. Im Zentrum einer Stadt, wo weder Berge, Hügel noch Bäume dominieren, stellen sehr oft die benachbarten Gebäude Drache oder Tiger dar.

BESTE VORAUSSETZUNGEN FÜR EIN GLÜCK BRINGENDES HAUS SIND:

Das Haus erhält eine gute, stabile Schildkröte und einen Blick auf die Aussenanlagen, wo Licht und Sonne das Haus (immer neu) mit Energie füllen.

Sind alle vier „Tiere“ in Ihrer Hausumgebung vorhanden, so fördert diese Umgebung den Erfolg und Wohlstand der Familie.

Die vier Tiere können nicht immer in der Ideallage vorhanden sein. Natürlich gibt es dennoch günstige Abweichungen, die mit dem Sonnenlauf zusammenhängen. Stellen Sie sich so auf das Grundstück, wie auch Ihr Haus später „blicken“ wird. Meist liegt dieser Blick zum Garten hin, da wir in unseren Breitengraden häufig den Blick von der Straße abwenden wollen. Noch im 19. Jahrhundert zeugt der Bau alter Villen davon, dass dies anders war. Man schaute früher zur Straße und hatte die Küche und den Garten im hinteren Hausteil!

Schauen Sie sich um: Befindet sich hinter dem Grundstück oder dem potentiellen Haus ein Hügel oder eine Häusergruppe und ist die Rückseite dem Nordwesten, Norden oder Nordosten zugehörig? So haben Sie eine gute Schildkröte, die die Gesundheit der Bewohner und ihre Rücklagen fördert. Gegenüber der „Schildkröte“ auf der Blickseite sollte der Ausblick in die Weite gehen. Dies bezeichnet man als den roten Vogel „Phönix“. Einen Berg im Rücken und eine weite Sicht auf der Blickseite des Hauses zu haben ist nicht nur Glück verheißend, es ist auch für einen Wiederverkauf äußerst günstig. Diese Lagen sind gefragt! Wenn man auf das Haus von der Blickseite her schaut (in der Regel stehen Sie im Garten und blicken auf Ihr potentielles Haus, welches Sie jetzt anschauen würde), dann müsste der „grüne Drache“, eine hohe Baumgruppe oder ein höheres Haus, sich rechts befinden und der „weiße Tiger“ links, demnach eine niedrige Baumgruppe oder ein entsprechend niedrigeres Haus. So ist die Balance von Yin und Yang erreicht. Idealerweise ist der „grüne Drache“ immer auf der aufgehenden Sonnenseite und der „weiße Tiger“ auf der Abendsonnenseite. Dies hängt natürlich auch mit durch die Sonne entstehendem Schattenwurf zusammen. Auf der Westseite, wo es einen langen Schattenwurf gibt, wäre bei hohen Bäumen auch am Nachmittag viel Schatten auf Ihrem Gartengrundstück.

Ich möchte hier nicht näher auf die landestypischen Feng Shui-Besonderheiten eingehen, denn ich möchte mich insbesondere in diesem Buch mit den Sonnengegebenheiten von Deutschland und seinen Nachbarländern beschäftigen. Wenn ich Beratungen in Zypern oder auf dem Peloponnes habe, berücksichtige ich immer die Wärmeentwicklung in den einzelnen Ländern und wähle Beschattungen wo nötig, auch im westlichen Bereich, um die Räume nicht so aufzuheizen. In Bali beispielsweise und in Thailand habe ich bei meinen Beratungen natürlich neben den allgemein gültigen Feng Shui-Richtlinien immer die Besonderheiten des Sonnenstandes des Landes zu berücksichtigen.

DIE HAUSFORM

Neben der Wahl des Ortes, der Beachtung des Orts- und Straßennamens, der Hausnummer und der allgemeinen Lage des Grundstückes und dessen Form, ist die zukünftige Hausform entscheidend für Ihr Glück. Am besten eignet sich hierzu eine rechteckige, quadratische oder sogar runde Grundfläche. Ein kleiner Hof am Eingang oder ein Vorbereich, auch „Min Tang" genannt, ist sehr günstig.

Für die innere Umgebung spielt die Hausform die größte Rolle. Sie soll Stabilität vermitteln, Gleichgewicht und Harmonie. Durch eine stabile Form erhalten Sie die Gesundheit und tragen zu einem beständigen Lebensunterhalt bei. Das Haus hat einen stabilen Grundriss, wenn es rechtwinklig ist und die Hausecken in beide Richtungen einen Meter Wand vorweisen können. Runde und rechteckige Formen verhindern, dass sich destruktive Energien in den Hausecken sammeln.

Die obere Ebene sollte nicht über die untere Ebene hinausragen, da dies ein Unsicherheitsgefühl für die Bewohner in den oberen Etagen hervorrufen könnte. Nichts zu tun hat dies mit Nischen, Erkern und Fensterplätzen, die herausstehen können, aber nicht in dreieckiger Form. Lässt es sich doch darin auch nicht wirklich gut leben. Wenn die Form keine Schroffheit aufweist oder hervorstechende Elemente hat, die spitz und kantig wirken, so haben Sie eine Hausform, die die Kooperation und Harmonie aller Bewohner im Haus begünstigt. Wenn es einen stabilen Eindruck vermittelt, so werden die Bewohner eine gute Gesundheit haben und ihren Lebensunterhalt sichern.

Häuser sollten grundsätzlich nicht überhängend über einen Felsen gebaut werden.

VERMEIDEN SIE

voneinander abgeschnittene Hausteile;
unregelmäßige, schroffe, dreieckige Formen;
lange, schmale Formen, die sich nach oben erstrecken;
Säulen, die über mehr als ein Geschoss gehen;
Schornsteine sollten nicht wie lange, schmale Türme erscheinen;
schräge Wände.

In einem Haus mit schrägen Wänden bekommt man ein Schwindelgefühl so als würde es einstürzen. Wenn Sie lange, schmale Schornsteine haben, dann bekommen Sie das Gefühl, als müssten Sie immer wieder gegen den Himmel kämpfen.

L-förmige Häuser weisen Fehlbereiche auf (sehen Sie selbst im Kapitel „Fehlbereiche vermeiden“).

Durch dreieckige Formen werden Aggressionen geschürt. Ich wohnte mit meiner Familie selbst einmal in einer Reihenhaussiedlung mit dreieckigen Fenstern, Balustraden und Erkern. Die schädliche Energie sammelt sich, nach Aussagen von Feng Shui-Mastern, in den Spitzen. Die Nachbarn waren völlig zerstritten! Wir stritten nicht mit, wir zogen aus!

Alles, was an Strukturen, wie Erkern oder Balkonen und sonstigen Anbauten vom Haus hervorspringt, ist zu vermeiden. Wenn wir die sogenannten schroffen Formen sehen, so erzeugen sie Disharmonien, Streit und Gerichtsfälle, plötzliche Unfälle und unerwartete Probleme.

Merke: Eine glatte, gleichmäßige Grundform eines Gebäudes mit runden oder achteckigen, hervorstehenden Bauteilen ist am harmonischsten.

VERMEIDEN SIE

1. L-Formen
2. H-Formen
3. Dreiecksformen (auch in Teilen des Gebäudes)
4. Teile des Hauses, die vom übrigen Gebäude abgeschnitten sind.
5. Herausragende Teile aus dem Gebäude, mit einer ungleichmäßigen Form.
6. Pyramidenformen
7. Lange und schmale Strukturen sind Holzpfeile und wirken sich auf Leber und Galle aus. Sie schüren Zorn, Hass und Eifersucht.
8. Aus dem Gebäude lang heraus ragende Schornsteine erzeugen das Gefühl, als ob die Bewohner gegen den „Himmel“ kämpfen müssten und schüren ein unharmonisches Verhältnis zur Natur und zu sich selbst.
9. Schiefe Wände erzeugen ein Gefühl von Instabilität und destruktiven Kräften. Dies kann zum Verlust des Arbeitsplatzes bis hin zum Bankrott führen. Wenn sie schon vorhanden sind, können sie mit Spiegeln ausgeglichen werden.

In asymmetrisch gebauten Häusern entscheidet die Raumaufteilung über das Schicksal der Bewohner.

Ein Haus mit unregelmäßiger Form gilt als unausgeglichen.

Der Überhang erdrückt in der unteren Ebene das Yang-Chi negativ!

DAS FUNDAMENT

Das Haus sollte auf einem soliden Fundament stehen. Sie fragen sich sicherlich, ob dies nicht selbstverständlich ist, aber dies ist es in der Tat nicht. In Teneriffa habe ich ein großes Gebäude begutachtet, das an einem Hang mit Blick zum Meer stand, aber nicht auf solidem Fundament. Die Eisenträger, die in den kahlen Felsen gesetzt worden waren, sollten das ganze Haus tragen. Ich schaute mir das Gebäude von unten her an: rostige Eisenträger und eine lichte Höhe zwischen dem Fels und der Bodendecke des Hauses von knapp zwei Metern. Dies machte einen sehr unsicheren Eindruck und ich riet den potentiellen Käufern ab, hier zu kaufen. Gleich nebenan stand das „Gerippe" eines ebensolchen Hochhauses, was nicht zu Ende gebaut worden war. Teile der rostigen Konstruktion waren bereits „abgestürzt". Auch in Malibu sah ich ein solches Gebäude. Die Maklerin und mein Klientel standen an einem Steilhang mit Blick zum Meer. Das Haus, das wir besichtigten, machte keinen sicheren Eindruck, da es über den Hang gebaut worden war. Ich wollte eigentlich nur spaßen und sagte: „Wenn wir uns alle auf die Terrasse stellen, könnte sie vielleicht abstürzen..." Die Maklerin erwiderte quietschvergnügt: „Sehen Sie das Grundstück darunter? Dieses Haus ist bereits abgestürzt. Das kann passieren. Aber .." und sie lachte: „Machen Sie sich keine Sorgen..."

Merke:
Das Haus muss auf einem sicheren Fundament stehen und eine sichere Form bieten.
Ein Haus sollte zwischen den verschiedenen Geschossen ausgeglichen wirken.

Merke:
1. Ein Haus, das in der oberen Ebene über das Erdgeschoss hinausragt, fördert das Gefühl der Unsicherheit.
2. Autos, die in ein Haus hinein fahren, bewirken ein ungünstiges Feng Shui.
3. Häuser auf Pfosten gelten als instabil.

DAS HAUSDACH

Hausdächer werden nach ihrer Form den fünf Elementen zugeordnet — Erde, Feuer, Wasser, Metall und Holz. Feuerdächer sind spitz (Zeltdächer) – sie strecken das Haus. Erddächer sind flach wie bei Bungalows (Flachdächer). Metalldächer sind halbrund (Tonnendächer) und Wasserdächer unregelmäßig wie bei alten Villen oder Fabrikgebäuden.

Meist haben unsere Häuser einen rechteckigen Grundriss und ein normales Dach in Form eines Dreieckes. Dann sind Feuer und Erde in Harmonie.

In der Regel wird man ein rotes Dach, das dem Element Feuer zugeordnet ist, bevorzugen, um auch die Farbharmonie herzustellen. Denn der Hauskörper entspricht dem Erdelement und beide befinden sich somit in einem förderlichen Zyklus zueinander. Dies ist ein Grundprinzip der Betrachtung im Hausbau, dass die Elemente sich immer wieder in einem förderlichen Zyklus befinden. Darüber hinaus geht es bei den Hausdächern auch um energetische Wirkungen.

1. Vermeiden Sei scharfkantige Winkel, die Sha-Chi auf die Nachbarschaft werfen und sehr aggressiv wirken.

2. Kuppelförmige Dächer oder auch runde Fensterformen wie beispielsweise im Dach sammeln wohlwollendes Chi und schützen so am besten vor destruktivem Umgebungs-Sha-Chi. Alle Gebäudeteile unter einem kuppelförmigen Dach weisen den gleichen Widerstand auf und haben keine Schwachstellen.

3. Vermeiden Sie kaskadenförmige Dächer. Sie rufen das Gefühl hervor von Absturz und die Bewohner werden ihre Investitionen verlieren, da der Reichtum der Familie „ins scheinbar Bodenlose" fallen wird.

4. Ein Spitzgiebeldach ist zu vermeiden. Umso enger der Winkel ist, der erzeugt wird, umso eher wird auch hier das Gefühl erzeugt, dass die Bewohner „gegen den Himmel" kämpfen müssten.

5. Wenn das Dach bis zum Boden abfällt ist dies ebenso ungünstig. Es vermittelt das Gefühl, dass das Haus mit einem Deckel versehen sei und verhindert, dass wohltuende Energie in das Haus einströmt. Ein Schleppdach auf der Sitzseite des Hauses stellt jedoch keine Probleme dar.

Runde oder kuppelförmige Dächer sind am besten, da sie der Kopfform des Menschen entsprechen. Daher sollte das Dach in der Form weder zu flach noch zu spitz sein.

Die Dachformen sagen sehr viel über die energetische Qualität des Hauses aus. Ein gutes Dach steht für Balance und Harmonie. Sehen Sie sich in der Schweiz in dem Ort Dornach das „Goetheanum" an: Das Dach wurde nach einem Modell Rudolf Steiners wie ein Kopf geformt.

DER CHIFLUSS UND DAS DACH

Die meisten Häuser haben einen rechteckigen Grundriss und repräsentieren damit das Element Erde.

Natürlich ist dann ein Satteldach, Flachdach, Walmdach, Krüppelwalmdach, Tonnendach, Pultdach, Zeltdach, Sheddach, Zollingerdach oder Mansardendach von der Form her am günstigsten. Ein zu spitzes Dach bekommt einen eher aggressiven Charakter. Wir sprechen davon im Feng Shui, dass sich die Energie nicht halten kann. Im Winter wird dies augenscheinlich: Bei einem Spitzdach entsteht nicht die behütende und beschützende Energie, der Schnee rutscht vom Dach herunter. Gegen Dachlawinen muss Vorsorge getroffen werden!

DACHARTEN

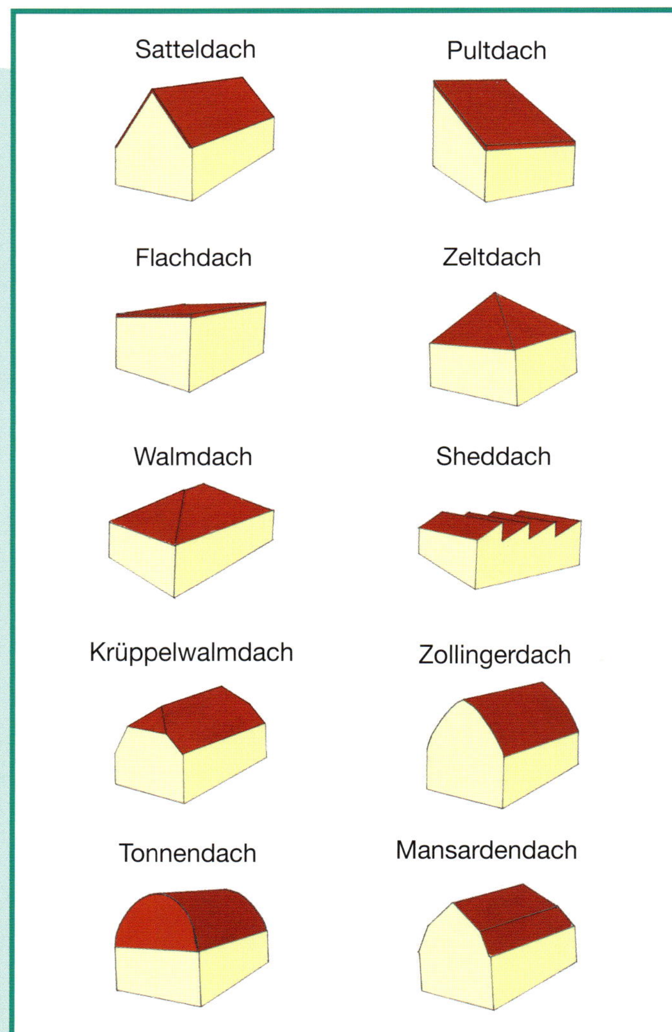

DIE DACHNEIGUNG

Sehen Sie hier auf einen Blick die Wirkung der Dachneigung:

Chi geht in die Spitze des Daches.

unter 60° die Aufmerksamkeit steigt

unter 45° Ruhe

unter 30° bergende, schützende Kraft

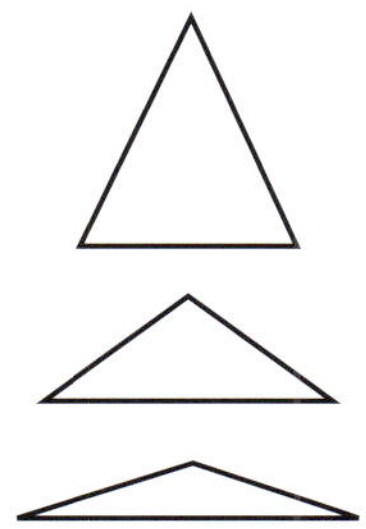

Maßnahmen:
Die letztere Variante ist die hierzulande übliche Maßnahme, wie man die Spitze des Dachgiebels abrunden kann. So senden Sie auch kein Sha-Chi zum Nachbarn. Anderenfalls würde er sich angegriffen fühlen.

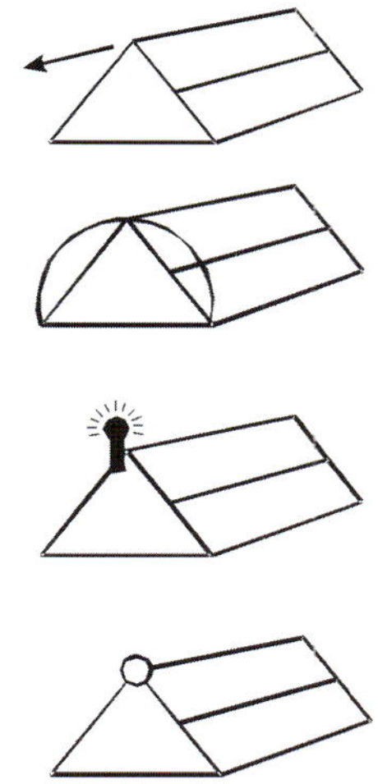

NEGATIVER DACHGIEBEL

Das Sha-Chi des Daches greift womöglich andere Häuser und deren Bewohner an.

DIE DACHEINDECKUNG

Feng Shui und Baubiologie gehen Hand in Hand. Wenn Sie gesunde Baustoffe verwenden, so erzeugen Sie ein baugesundes Klima. Dies gilt auch für die Dacheindeckung. Ziegel stehen dabei an erster Stelle. Die Oberfläche dieses keramischen Baustoffes wird als sehr angenehm empfunden, die Feldabstrahlung wirkt vitalisierend und harmonisierend auf die Bewohner. Der Baustoff Ziegel wird den Ansprüchen an ein ganzheitliches Bauen gerecht. Er puffert Feuchteschwankungen, sondert keine Schadstoffe an die Raumluft ab und ist allergenfrei. Die Ziegeleindeckung kann natürlich in verschiedenen Farben gewählt werden. Da das Dach dem Element Feuer entspricht und dieses die Farbe Rot repräsentiert, sollten Sie in erster Linie an ein rotes Dach denken. Blaue Dächer verbieten sich aus Feng Shui-Sicht, da sie das Element Wasser symbolisieren, damit den „Wolkenbruch vom Himmel".

Das Dach ist ein wesentlicher Faktor für die Sicherheit, das Wohnklima und die Energiebilanz des gesamten Hauses. Da das Dach extremen Witterungsverhältnissen ausgesetzt ist, muss das Eindeckungsmaterial äußerst robust sein. Materialien wie Dachziegel, Dachstein, Schiefer und Titanzink sind ökologisch unbedenklich und äußerst nachhaltig.

Dachziegel aus natürlichem Ton hergestellt nehmen durch kapillare Poren Feuchtigkeit auf und geben sie relativ schnell wieder ab und sind regendicht. Eine Veredelung der Ziegel durch Glasuren oder Engoben bietet zusätzlichen Schutz vor negativen Umwelteinflüssen, wie z.B. Schmutz oder Schadstoffen. Auch Dachsteine oder Dachpfannen weisen ähnliche Vorteile auf. Sie sind aus Zement, quarzhaltigem Sand und Wasser natürlich gefertigt. Dies führt zu einer hohen Witterungsbeständigkeit und Langlebigkeit des Materials. Die Dachziegel und Dachbausteine schaffen aufgrund ihrer natürlichen Herstellungsweise und Inhaltsstoffe ein gesundes Klima.

Als besonders nachhaltige Dacheindeckung und Wiederverwendbarkeit gilt das natürliche Sedimentgestein Schiefer. Es ist ein natürlicher Rohstoff und wird seit Jahrhunderten zur Dacheindeckung verwendet. Schiefer besitzt zudem eine hohe Beständigkeit und Robustheit. Ohne großen Aufwand an Pflege und Wartung schützt ein Schieferdach langlebig und ist dazu noch äußerst widerstandsfähig

Bei den Experten von www.dach.de können Sie nachlesen, dass ein Dach aus Titanzink eine hohe Korrosionsfestigkeit aufweist, wartungsfrei und dank seiner natürlichen Patina äußerst langlebig ist. Es wird unter einem Dach mit Titanzink ein gesundes Raumklima gefördert. Dies liegt an der natürlichen Zusammensetzung des Baustoffes aus Zink, Titan und Kupfer.

Neben einer wohngesunden Dacheindeckung, schafft vor allem eine zuverlässige und natürliche Dämmung ein gesundes Wohnklima. Wohngesunde Dämmstoffe erkennt man zum Beispiel am „Blauen Engel“.

WÄRMEERZEUGUNG ÜBER DAS DACH

Photovoltaik
Hierbei wird die Sonnenenergie in elektrische Energie mittels Solarzellen umgesetzt.

Solarthermie
Aus der solaren Einstrahlung wird ebenfalls Energie zur Stromerzeugung gewonnen.

Im Sinne des Feng Shui wirken Sonnenkollektoren, Photovoltaik-Anlagen und Solarziegel ungünstig auf die Bewohner, wenn Sie direkt unter dem Dach Ihren Schlafraum beziehen. Ich habe dies von meinen Feng Shui-Lehrern als ein energetisches Problem mit auf den Weg bekommen und möchte dies an dieser Stelle an Sie weitergeben.

Schutzmaßnahmen
Wer in der unmittelbaren Nähe zu Überlandleitungen wohnt, in einem geringeren Abstand als 300 Meter, sollte an Abschirmungen über das Dach nachdenken. Ihr Architekt wird Sie beraten.

WOHNEN UNTERM DACH

Das Dach ist ein wichtiger Faktor für die energetische Qualität, das Chi des Hauses – für Balance und Harmonie.

Das Dach entspricht dem Kopf des Menschen. Deshalb sollte es von der Dachneigung her flacher sein. Spitze Dächer haben ein ungünstiges Feng Shui, weil das Chi in die Spitzen geleitet wird.

Bei einem spitzwinkligen Dach ist auch die Einrichtung des Dachgeschosses als Lebensbereich stark behindert. Die Schrägen würden förmlich das Chi der Menschen erdrücken, die kosmische Energie gerät aus der Balance, das Dach bekommt einen aggressiven Charakter. Haben wir auf Dachniveau auch Wohnräume, zum Beispiel bei Dachgeschossen oder bei eineinhalb-geschossigen Gebäuden, dann kommt noch dazu, dass das Chi nicht harmonisch fließen kann und das wirkt sich auf die Lebensqualität der Menschen, die in diesem Haus und in den Räumen wohnen, aus.

Dachschrägen wirken manchmal ganz gemütlich, weil es uns an ein Zelt erinnert. Wichtig ist die Höhe der Schrägen, umso niedriger sie sind, umso mehr drücken sie das Chi des unter ihnen liegenden oder sitzenden Menschen.

Der Kniestock

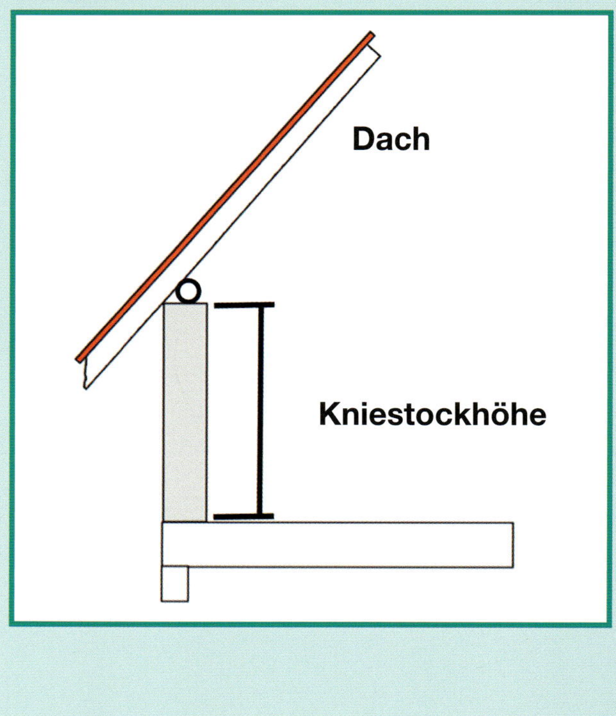

Der Kniestock oder Drempel bestimmt die Höhe der Schräge. Wenn Sie unter so einer Schräge arbeiten oder schlafen, wirkt sich das auf Ihre Vitalität und Ihre Produktivität aus. Kinder, die unter Schrägen schlafen, sind unruhiger und können unter Konzentrationsmangel leiden.

Sollten Sie unter einer Dachschräge Ihr Bett positionieren, so ist dies einerseits wie schon erwähnt, parallel zur Dachschräge vorzunehmen. Oder Sie wählen die andere Variante: Sie liegen mit dem Kopfende unter der niedrigen Seite der Dachschräge und schauen von dort wie bei einem aufgeklappten Visier in den weiten Raumteil.

FENG SHUI-TIPP

Wenn Sie ein eineinhalb-geschossiges Gebäude kaufen oder mieten wollen, dann schauen Sie, wie steil die Dachschrägen sind. Das gilt auch für Wohnungen mit Dachschrägen.

Dachgauben sind auch in vielen Fällen problematisch, wenn Sie starke spitze Strukturen bilden, unter denen sich unharmonisches Chi bilden kann.

Ein Pyramidendach wäre auf Dauer nicht empfehlenswert und für Ihr Haus ungeeignet. Man kann sich dort zwar kurzfristig aufladen (ca. eine halbe Stunde Aufenthaltszeit), jedoch auf längere Zeit wirkt diese Energie auf den menschlichen Körper konservierend und nicht aktivierend.

Aufgeklapptes Visier

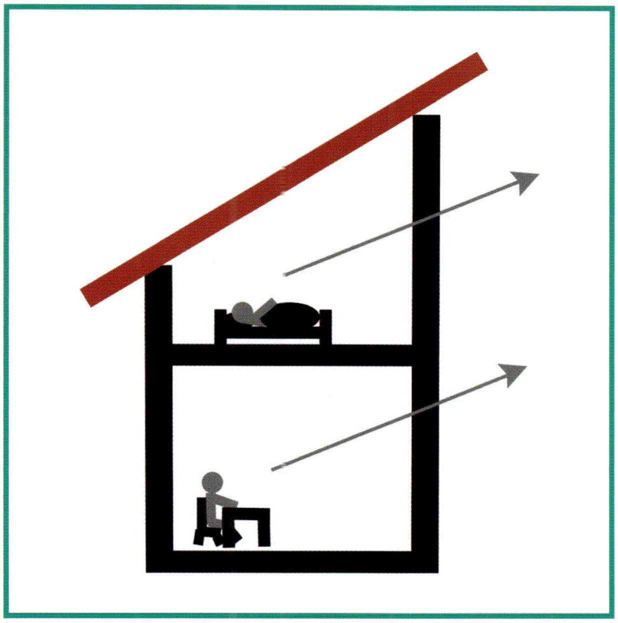

Die beste Schlafposition ist, wenn man mit dem Dach in die Weite schaut.

Aufgeklapptes Visier

Das herunter gezogene Dach vermittelt Geborgenheit und Schutz. Das Dach bildet den Rücken für die Bewohner und lässt den Blick frei in den Raum.

DIE FASSADE

FASSADENPUTZ

Die traditionellen mineralischen Putzsysteme haben Vorteile in Sachen Wasserdampfdiffusionsfähigkeit. Für einen Kunstharzputz sprechen dagegen die Vorzüge vor allem in Sachen Regenschutz. Hochwertiger Siliconharzputz verbindet dank seiner bauphysikalischen Eigenschaften beide Putzverfahren. Siliconharzputze bilden keinen dichten Film auf der Fassade. Ihre Putzschicht enthält zahllose mikroskopisch kleine Poren, die zu klein sind, als dass Regentropfen durch sie ins Mauerwerk eindringen könnten. Die Poren sind jedoch groß genug, damit der Wasserdampf durch die Fassade nach außen entweichen kann. Die wasserabweisende Wirkung des Silicons und die mikroporöse Struktur des Siliconharzputzes schützen das Mauerwerk vor Durchfeuchtung. Die Fassade bleibt trocken und damit resistent gegen Pilze, Moos- und Algenbefall.

Die Fassade kann mit Farbe, aber auch mit Bildern gestaltet werden.

Die Farbgestaltung steht in direkter Verbindung mit dem Konzept der fünf Elemente. Richten Sie sich dabei auch nach der vorhandenen Farbgestaltung der umgebenden Gebäude. Neben einem blauen Haus, das dem Element Wasser zugeordnet ist, sollte kein Haus mit roter Farbe stehen, da es dem Element Feuer entsprechen würde. Beide Häuser würden dann im „Streit“ miteinander stehen, was Konflikte mit den Nachbarn heraufbeschwören könnte, da sich Feuer und Wasser nicht vertragen.
Die Hausfarbe richtet sich darüber hinaus auch nach der Sitzposition des Hauses. (Lesen Sie dazu später mehr).

Sitz des Hauses im NW, W,	Weiß/Gelb/Orange/Apricot
Sitz des Hauses im N	Weiß/Blau
Sitz des Hauses im S	Rot
Sitz des Haues im SW/NO	Gelb/Rot
Sitz des Hauses im O/SO	Grün/Blau

Aber auch die Fassadenmalerei kann angewendet werden, um Botschaften zu senden. Hier das Beispiel einer Hausfassade mit Kirschen, im Bereich Süden.

Die Gestaltung der Hauswand im Bereich Osten steht mit Bambus für die Gesundheit und das Familienglück.

Hier sehen Sie eine Fassade mit Kürbis, dem nachgesagt wird, dass er „übler Nachrede" entgegenwirkt. Kürbisse wie hier im Bild sind im Bereich Westen auch ein Symbol von Vermehrung, Wachstum und Kinderglück.
www.wandelmaler.de

Hausecken in der Fassadengestaltung

Nicht nur eine runde Verputzung der Ecken eines Hauses ist wesentlich besser für den Chi-Fluss, es sind auch die netten Kleinigkeiten, die ein Haus vom anderen abheben. Früher waren es die Schutzpatrone, die in die Fassade bzw. in die Ecken des Hauses eingelassen wurden. Bleiben Sie kreativ, um nach den Himmelsrichtungen entsprechend Figuren und Symbolik einzulassen. Hier eine Variante für die Auswahl von Figuren nach den Himmelsrichtungen:

NW, N, NO, O	männliche Figuren
W, SW, SO, S	weibliche Figuren

DER SPLIT-LEVEL

Wenn Sie unterschiedliche Niveauebenen haben, so werden Sie von vornherein Probleme in das Haus „einbauen“.

Der Boden eines jeden Gebäudes dient als Bindeglied für die Bewegung und Zirkulation von Chi oder Energie in sich. Eine Veränderung in der Ebene eines Raumes kann die reibungslose Bewegung des Chi im Raum stören.

Das Chi verliert an Gleichmäßigkeit und wird dazu bewegt sich abrupt zu drehen. Dies kann bis hin zu einer Chi-Stagnierung führen. Störende Chi-Bewegungen schaffen ein instabiles Umfeld. Split-Level-Häuser gelten als ziemlich ungünstig aus der Sicht des Feng Shui. Den Bewohnern solcher Häuser mangelt es oft an Selbstvertrauen. Ihre Lebensumstände verändern sich abrupt in der gleichen Art und Weise wie das Chi Schwankungen aufweist. Das Problem ist, die Bewegung des Chi in einer plötzlichen Wendung nach oben oder unten. Dies stört den Fluss der Energie im Raum. Am besten ist es Etagen zu vermeiden, in denen ein Teil niedrig und ein anderer Teil erhöht ist.

Wenn Sie dieses Problem dennoch haben sollten, so sorgen Sie dafür, dass Sie eine Reihe von Bildern identischer Form und Größe so an die Wände hängen, dass sie wieder eine Ebene bilden. Auch Licht, das nach oben strahlt, löst die Problematik. In der unteren Ebene sind es große Pflanztöpfe, die die Energie harmonisieren und eine gute Erdung geben.

Etwas anderes ist es, wenn Sie beispielsweise einen Kaminplatz tiefer legen, der mit einer Rückwand geschützt im Südwesten des Hauses liegt.

DIE GARAGEN

Garagen sollten Sie so planen, dass sie möglichst getrennt vom Haus sind. Ist dies nicht möglich und Sie müssen direkt von der Garage zum Haus gehen, dann ist ein Vorraum für Schmutzsachen mit einem Waschbecken, besonders auch für Hundebesitzer, zu empfehlen. Mit diesem Zwischenraum bremsen Sie das Sha-Chi aus. Die Abgase können nicht direkt in das Haus gelangen. Auf keinen Fall aber sollten Sie im Zwischenraum Lebensmittel lagern.

Am besten steht eine Garage seitlich vom Haus. Ihr Architekt wird natürlich die Grenzabstandsbestimmungen vor Ort prüfen müssen. Schlimmstenfalls grenzt die Garage an das Schlafzimmer an, so dass der Eindruck entsteht, dass Sie gegen die Wand des Schlafzimmers und sozusagen in das Bett fahren. Genauso schlimm ist es, wenn Sie gegen einen von der Familie genutzten Bereich des Hauses fahren würden. Die Feng Shui-Master sagen hierzu, dass die Familie so in Verkehrsunfälle verwickelt werden könnte.

Achten Sie darauf, dass keine Wohnbereiche über der Garage liegen. Dies gäbe neben den energetisch ungünstigen Faktoren möglicherweise Fußbodenkälte. Sollte darüber allerdings ein Bad, eine Ankleide oder eine Abstellkammer liegen, so stellt dies kein Problem dar.

Wenn Sie in ein Haus hineinfahren würden, so kommen direkt fremde und schädliche Energien in die Wohnbereiche. Von einem Schlafzimmer über diesem Bereich raten die Feng Shui-Master dringend ab!

Steile Zu- oder Abfahrten zu Garagen sollten Sie meiden. Ist dies nicht möglich, so bremsen Sie den schnellen Chi-Fluss mit Querstreifen im Boden, einem Kreis oder einer Spirale auf dem Pflaster. Weitere Möglichkeiten, wie das Einarbeiten von hoch energetisch wirksamen Mustern, u.a. auch von Trigrammen im Boden, mehr hierzu erfahren Sie von Ihrem Feng Shui-Meister.

Gestalten Sie in jedem Fall das Garagentor so, dass es nicht besonders auffällig ist. Weiß oder Grau sind hierfür neben Grün am besten. Folgen Sie dem Grundsatz: Betonen Sie statt der Garage den Eingang mit Farbe, Beleuchtung und Licht. So findet das Chi den Weg zum Eingang und landet nicht im sogenannten „Tigermaul", der Garage.

Vermeiden Sie rechtwinklige Kanten im Bereich der Einfahrt oder auch Steine, die nicht nur das Auto beschädigen sondern auch den Fluss des Chi bremsen könnten.

Deshalb gilt: Nehmen Sie für die Gestaltung Ihr Auto und probieren Sie den Anfahrtswinkel aus, den Sie normalerweise nehmen würden und gestalten Sie danach die Zufahrt und den Vorgartenbereich.

Günstige Zufahrten zum Haus

Sorgen Sie auch für einen Fußweg direkt zum Haus, falls der Eingang nicht auf der Seite der Eingangstür liegen sollte, bevor ein Trampelpfad entsteht. Im Übrigen sind Trampelpfade ganz natürliche Chi-Wege!

DER GRUNDRISS

Natürlich wird die Form des Hauses vordergründig auch den Grundriss beeinflussen. Die Konzeption für die einzelnen Räume ergibt sich aus der Lage der Eingangstür und des Elternschlafzimmers. Dieses sind die beiden wichtigsten Planungselemente. Dann wird die Entwicklung der Treppe zur Erreichung des Obergeschosses eine Rolle spielen oder auch die Unterbringung eines Fahrstuhles, wenn es sich um gehbehinderte Menschen handelt. Mein Klientel bevorzugt auch Fahrstühle, um eine Vorsorge für das Alter zu treffen. Die Treppe sollte nicht exakt in der Mitte des Hauses liegen, sondern, wenn notwendig, sich um diese herum entwickeln. Die Mitte des Hauses sollte frei bleiben und erhält den großzügigen Flurbereich. Als Nächstes sollte man den Schlafraum in der oberen Etage (falls Sie in zwei Ebenen planen) festlegen. Er wird nach der Ming-Kwa-Zahl (s.S.62ff) des Hauptverdieners festgelegt. Denn unter dem Schlafraum dürfen sich nicht die Waschmaschine, der Herd, die Garage oder der Heizöltank befinden.

Gehen Sie im zweiten Schritt an die Planung des Grundrisses im Erdgeschoss. Sie sollten möglichst von der Hauseingangstür in das Wohnzimmer schauen.

Wenn Sie eine offene Wohn-Esssituation bevorzugen, dann wird der Esstresen eine Trennung zwischen der Küche und dem Wohnbereich darstellen. Neben der Küche sollte sich direkt der Essplatz befinden, wobei den östlichen Hausteilen der Vorzug für die Stellung der Küche gegeben wird.

Den Essplatz gleich neben der Küche zu haben erklärt sich schon allein aus der Tatsache, dass Sie einem ergonomischen Chifluß nachgehen sollten. Das heißt, dass die Bewegungsabläufe im Haus harmonisch und funktional sind.

Planen Sie nach der Ming-Kwa-Zahl auch gleich die Stellung des Herdes ein. Auch hier richtet sich die Herdstellung nach dem Hauptverdiener. Wasser und Feuer müssen getrennt sein, was Ihre Küchenplanung beeinflussen wird. Der Essplatz selbst muss so geplant werden, dass er nicht zwischen „Tür und Angel" liegt oder sich ihm gegenüber eine offene Treppensituation befindet. Offene Treppen und der Blick vom Esstisch zum Kellerabgang würde viel Unruhe mit sich bringen. Die Bewohner hätten keine Ruhe am Esstisch zu verweilen um zum Beispiel dort länger für gemeinsame Spiele zu sitzen. Im besten Fall steht dort ein runder Tisch.
Im Wohnzimmer wird die Stellung eines Kaminofens beispielsweise alle anderen Einrichtungsdetails bestimmen. Das Element „Feuer" des Ofens darf nicht an eine West-, Nordwest- oder Nordwand kommen, da diese Himmelsrichtungen dem Element „Metall" entsprechen und sich „Feuer" und „Metall" im Widerstreit befinden. Als nächstes ist die Frage der Stellung eines Fernsehers zu lösen. Idealerweise sollte man sowohl in das Feuer schauen als auch fernsehen können.

Die Planung des Kellergeschosses wird ebenfalls nicht vernachlässigt. Planen Sie von vornherein den Waschraum im Nordwesten oder auch Westen oder Norden. Der Heizraum oder auch die Sauna, sollten im Süden, Südwesten oder Nordosten liegen, den Bereichen von „Feuer" und „Erde". Der eigentliche Keller ist im Nordosten sehr gut untergebracht. Ein Weinkeller empfiehlt sich im Norden.

DER NATURKELLER

Naturkeller befinden sich in der Regel im Nord-Nordosten und möglichst weit vom Heizungskeller. Die Innentemperatur schwankt zwischen 8 Grad im Sommer und 2 Grad im Winter bei einer relativen Luftfeuchtigkeit von 80 bis 90 Prozent. Obst und Gemüse bleiben so lange frisch. Dieser Keller kann auch außerhalb der unterirdischen Beton-Untermauerung liegen.

DER TROCKENE KELLER

Der trockene Keller dient vorwiegend der Lagerung. Bei einem trockenen Keller brauchen die Außenwände eine wasserdichte Isolierschicht. Auch Betonwände und der Boden müssen gegen Feuchtigkeit isoliert werden. Die Feuchtigkeit könnte sonst durch Arbeitsfugen und Schwindrisse eindringen.

Denken Sie auch an einen gestampften Lehmboden für Ihren Vorratsraum oder den Weinkeller. Ein guter Beitrag für ein gesundes Raumklima.

Weitere Planungen des Grundrisses ergeben sich aus den Omen und für einen Feng Shui-Meister seines Faches auch durch die Berechnung der „Fliegenden Sterne-Karte" und den Auswertungen mit Hilfe des chinesischen Kompasses, des Lo Pan.

HAUSPLANUNG NACH DEM GEBURTSDATUM DES MENSCHEN

Um festzulegen, welche Ausrichtung des Hauses für Sie ideal wäre, müssen Sie zunächst wissen, was Sie für eine Ming-Kwa-Zahl haben. Danach können Sie dann im zweiten Schritt auch die Eingangstür, einen Eingangsbereich, auch ein Büro festlegen und natürlich das Schlafzimmer.

Schauen Sie nebenstehend in die Tabelle der Ming-Kwa-Zahlen und finden Sie heraus, welche Zahl die Ihre ist. Beachten Sie dabei bitte den Jahresbeginn, der nicht wie in Europa beim 1. Januar liegt! Ihre gefundene Zahl gehört entweder der West- oder der Ostgruppe an.

Fettgeschriebene Jahre beginnen am 5. Februar, alle anderen am 4. Februar.

Jahr	Ming Kwa Männer	Ming Kwa Frauen
1900	1	8
1901	9	6
1902	8	7
1903	7	8
1904	6	9
1905	2	1
1906	4	2
1907	3	3
1908	2	4
1909	1	8
1910	9	6
1911	8	7
1912	7	8
1913	6	9
1914	2	1
1915	4	2
1916	3	3
1917	2	4
1918	1	8
1919	9	6
1920	8	7
1921	7	8
1922	6	9
1923	2	1
1924	4	2
1925	3	3
1926	2	4
1927	1	8
1928	9	6
1929	8	7
1930	7	8
1931	6	9
1932	2	1
1933	4	2
1934	3	3
1935	2	4
1936	1	8
1937	9	6
1938	8	7
1939	7	8
1940	6	9
1941	2	1
1942	4	2
1943	3	3
1944	2	4
1945	1	8
1946	9	6
1947	8	7
1948	7	8
1949	6	9
1950	2	1
1951	4	2
1952	3	3
1953	2	4
1954	1	8
1955	9	6
1956	8	7
1957	7	8
1958	6	9
1959	2	1
1960	4	2

Jahr	Ming Kwa Männer	Ming Kwa Frauen
1961	3	3
1962	2	4
1963	1	8
1964	9	6
1965	8	7
1966	7	8
1967	6	9
1968	2	1
1969	4	2
1970	3	3
1971	2	4
1972	1	8
1973	9	6
1974	8	7
1975	7	8
1976	6	9
1977	2	1
1978	4	2
1979	3	3
1980	2	4
1981	1	8
1982	9	6
1983	8	7
1984	7	8
1985	6	9
1986	2	1
1987	4	2
1988	3	3
1989	2	4
1990	1	8
1991	9	6
1992	8	7
1993	7	8
1994	6	9
1995	2	1
1996	4	2
1997	3	3
1998	2	4
1999	1	8
2000	9	6
2001	8	7
2002	7	8
2003	6	9
2004	2	1
2005	4	2
2006	3	3
2007	2	4
2008	1	8
2009	9	6
2010	8	7
2011	7	8
2012	6	9
2013	2	1
2014	4	2
2015	3	3
2016	2	4
2017	1	8
2018	9	6
2019	8	7
2020	7	8

Die östliche Lebensgruppe: 1, 3, 4, 9
Die besten Richtungen sind: Norden, Süden, Osten und Südosten.

Die westliche Lebensgruppe: 2, 6, 7, 8
Die besten Richtungen sind Westen, Nordwesten, Südwesten und Nordosten.

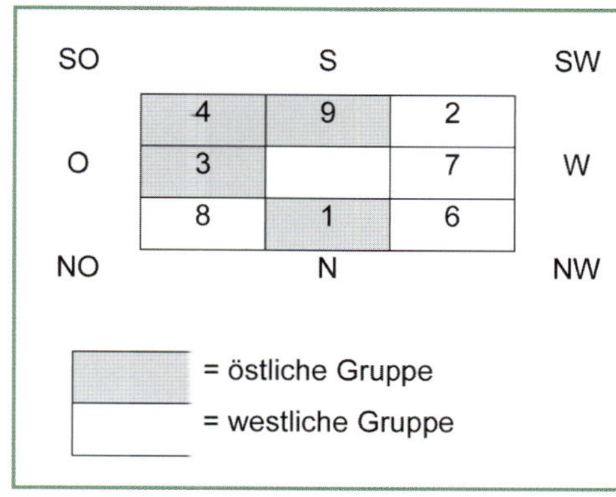

WAS BEWIRKT DIESE AUSRICHTUNG ENTSPRECHEND DER MING-KWA-ZAHL?

Wer mit dem „Himmel", seiner Himmelsrichtung, sein Haus plant, lädt das Glück in alle Bereiche seines Lebens ein. Man sagt auch: „Der hat es aber leicht. Es fliegt ihm nur so zu." Meistens hört man das von Leuten, die sich eines neidischen Untertones nicht enthalten können, da ihr Leben scheinbar so schwergängig läuft. Sie sind in der Regel nicht in Übereinstimmung mit ihrem Haus, wohnen am falschen Ort oder auf einem für sie nicht günstigen Grundstück. Deshalb sollten Sie die Planung des Hauses nach der Ming-Kwa-Zahl beachten. Acht Stunden in dem Raum zu liegen, der für Sie einer der besten ist oder auch in einem solchen Raum zu arbeiten, bringt Ihnen viel Energie-Gewinn.

Nach der Ming-Kwa-Zahl richten sich:

- die Richtung der Haustür
- die Blickrichtung vom Schreibtisch
- die Kopfausrichtung des Bettes
- die Herdöffnung
- die Richtung der Schlafzimmertür
- die Richtung der meistbenutzten Türen

Sind Sie ein Mensch der „Westgruppe" so benötigen Sie ebenfalls ein Haus der „Westgruppe". Ostmenschen sollten ein „Osthaus" bauen.

Somit sind Sie jeweils mit den positiven Energien des Hauses in Übereinstimmung. Sollte dies nicht möglich sein, so suchen Sie einen Feng Shui-Berater auf.

DIE BEDEUTUNG IHRES JAHRESELEMENTES IN DER PLANUNG

Ob Sie ein Feuer-, Erd-, Metall-, Wasser- oder Holzmensch sind, spielt nicht nur für die *Einrichtung* als solche eine Rolle, sondern auch für die *Art* der Räume.

Ein Holzmensch braucht hohe Räume, ein Erdmensch hat nicht diesen Anspruch. Dies sollten Sie für Ihre Planungen mit berücksichtigen. Stellen Sie zunächst fest, welches Ihr Element ist. Wo Sie wohnen sollten und wie Ihr Haus eingerichtet wird, ergibt sich aus Ihrem Jahreselement. Ich bin beispielsweise ein Feuermensch. Ich habe in meiner guten Ming-Kwa-Richtung im Nordosten die Eingangstür. Sie ist im Farbton Ral 3005, meinem Lieblingsrotton, gestrichen. Die Farbe Rot entspricht dem Feuerelement und ist günstig für die nordöstlichen Richtung des Eingangs. Da ich im Jahr des Hahns geboren bin, brauche ich Glanz. Dementsprechend haben wir einen runden Messingknauf. Dies ist natürlich auch meiner Familie zuträglich. Deshalb: Schauen Sie in der nachfolgenden Tabelle unter der Beachtung des Jahresanfanges nach, welches Ihr Jahreselement ist.

Jahr	Beginn	Jahres-Element
1900	31. Jan	Metall
1901	19. Feb.	Metall
1902	08. Feb.	Wasser
1903	29. Jan.	Wasser
1904	16. Feb.	Holz
1905	04. Feb.	Holz
1906	25. Jan.	Feuer
1907	13. Feb.	Feuer
1908	02. Feb.	Erde
1909	22. Jan.	Erde
1910	10. Feb.	Metall
1911	30. Jan.	Metall
1912	18. Feb.	Wasser
1913	06. Feb.	Wasser
1914	26. Jan.	Holz
1915	14. Feb.	Holz
1916	03. Feb.	Feuer
1917	23. Jan.	Feuer
1918	11. Feb.	Erde
1919	01. Feb.	Erde
1920	20. Feb	Metall
1921	08. Feb	Metall
1922	28. Jan	Wasser
1923	16. Feb	Wasser
1924	05. Feb	Holz
1925	25. Jan	Holz
1926	13. Feb	Feuer
1927	02. Feb	Feuer
1928	23. Jan	Erde
1929	10. Feb	Erde
1930	30. Jan	Metall
1931	17. Feb	Metall
1932	06. Feb	Wasser
1933	26. Jan	Wasser
1934	14. Feb	Holz
1935	04. Feb	Holz
1936	24. Jan	Feuer
1937	11. Feb	Feuer
1938	31. Jan	Erde
1939	19. Feb	Erde
1940	08. Feb	Metall
1941	27. Jan	Metall
1942	15. Feb	Wasser
1943	05. Feb	Wasser
1944	25. Jan	Holz
1945	13. Feb	Holz
1946	02. Feb	Feuer
1947	22. Jan	Feuer
1948	10. Feb	Erde
1949	29. Jan	Erde
1950	17. Feb	Metall
1951	06. Feb	Metall
1952	27. Jan	Wasser
1953	14. Feb	Wasser
1954	03. Feb	Holz
1955	24. Jan	Holz
1956	12. Feb	Feuer
1957	31. Jan	Feuer
1958	18. Feb	Erde
1959	08. Feb	Erde
1960	28. Jan	Metall

Jahr	Beginn	Jahres-Element
1961	15. Feb	Metall
1962	05. Feb	Wasser
1963	25. Jan	Wasser
1964	13. Feb	Holz
1965	02. Feb	Holz
1966	21. Jan	Feuer
1967	09. Feb	Feuer
1968	30. Jan	Erde
1969	17. Feb	Erde
1970	06. Feb	Metall
1971	27. Jan	Metall
1972	15. Feb	Wasser
1973	03. Feb	Wasser
1974	23. Jan	Holz
1975	11. Feb	Holz
1976	31. Jan	Feuer
1977	18. Feb	Feuer
1978	07. Feb	Erde
1979	28. Jan	Erde
1980	16. Feb	Metall
1981	05. Feb	Metall
1982	25. Jan	Wasser
1983	13. Feb	Wasser
1984	02. Feb	Holz
1985	20. Feb	Holz
1986	09. Feb	Feuer
1987	29. Jan	Feuer
1988	17. Feb	Erde
1989	06. Feb	Erde
1990	27. Jan	Metall
1991	15. Feb	Metall
1992	04. Feb	Wasser
1993	23. Jan	Wasser
1994	10. Feb	Holz
1995	31. Jan	Holz
1996	19. Feb	Feuer
1997	07. Feb	Feuer
1998	28. Jan	Erde
1999	16. Feb	Erde
2000	05. Feb	Metall
2001	24. Jan	Metall
2002	12. Feb	Wasser
2003	01. Feb	Wasser
2004	22. Jan	Holz
2005	09. Feb	Holz
2006	29. Jan	Feuer
2007	18. Feb	Feuer
2008	07. Feb	Erde
2009	26. Jan	Erde
2010	14. Feb	Metall
2011	03. Feb	Metall
2012	23. Jan	Wasser
2013	10. Feb	Wasser
2014	31. Jan	Holz
2015	19. Feb	Holz
2016	08. Feb	Feuer
2017	28. Jan	Feuer
2018	16. Feb	Erde
2019	05. Feb	Erde
2020	25. Jan	Metall

DER FEUERMENSCH

Wo sollten Sie wohnen?

Sie benötigen eine Umgebung im Grünen, die ihnen genügend Spielraum und Anregung gibt. Theater, Kino, Vereinsgruppen und Sportmöglichkeiten sollten vorhanden sein. Wenn dies nicht der Fall ist, dann sollte der Feuermensch viel reisen.

Sie fühlen sich am wohlsten in einer großzügigen Einzelhausbebauung und lieben es, im Garten und im Hausinneren immer wieder Veränderungen herbeizuführen.

Wasser im Garten und im Haus sind für Sie lebensnotwendig, um überschüssiges Feuer wieder zu beruhigen.

Wie sollte Ihr Haus ausgestattet sein?

Ein großes, repräsentatives Wohnzimmer ist wichtig und der Herd nimmt eine Sonderstellung ein, denn gesundes Kochen mit Freunden geht Ihnen über alles. Sorgen Sie für eine offene Küchenarchitektur und der kommunikative Feuermensch wird sich wohlfühlen.

Natürlich benötigen die Feuermenschen auch einen Kamin oder Kachelofen, Kerzen und rote Sessel. Übertreiben sollten sie es mit der roten Farbe allerdings nicht, da diese zu sehr antreiben könnte, was der Gesundheit abträglich wäre. Ein kleiner Wasserbrunnen wird Ihnen helfen, das innere Gleichgewicht zu erhalten oder wieder herzustellen.

Holzmöbel und Pflanzen im Raum fördern genauso wie helle grüne Farbtöne die Gesundheit. Sie geben Ausdauer und die Energie, um auch den gestressten Feuer-Menschen Ruhe zu vermitteln.

DER ERDMENSCH

Wo sollten Sie wohnen?

Sie benötigen eine ländliche Umgebung, wo Kontakte möglich sind und gepflegt werden können. Garten und Terrasse bzw. Balkone sind Ihnen wichtig.

Wie sollte Ihr Haus ausgestattet sein?

Ihre Umgebung muss Behaglichkeit ausstrahlen. Dekorationen mit liebgewonnenen Erinnerungen, wie Fotos, Postkarten oder Geschenken Ihrer Liebsten, sind Ihnen wichtig. Da Erdmenschen gern mit anderen zusammen sind, benötigen sie eine gemütliche Küche, einen großen Ess- und Wohnzimmerbereich für ein lebendiges Familienheim.

DER METALLMENSCH

Wo sollten Sie wohnen?

Hügelige Landschaften und auch Flachland sind Ihnen zuträglich. Darüber hinaus benötigen Sie eine Umgebung, die klar und ruhig geordnet ist.

Wie sollte Ihr Haus ausgestattet sein?

Die Räume sollten hell, groß und luftig sein. Sparsame Möblierung und Ordnung sind hilfreich, um ein energievolles Ambiente zu erzeugen. Der Raum bietet schöne Formen, kunstvolle Gegenstände, die solitär ein Blickfang sind. Metall und Glas, kühle und klare Farben beherrschen den Raum. Helle Naturhölzer und kalkgetünchte Wände bestimmen die Stimmung zu cremefarbenen Bezügen und hellen Baumwoll- und Leinenstoffen. Dachkuppeln, weiße Decken, Licht von oben.

DER WASSERMENSCH

Wo sollten Sie wohnen?

Sie benötigen eine Umgebung mit und am Wasser. Theater, Musik- und Ausgehmöglichkeiten sollten in der Nähe sein.

Wie sollte Ihr Haus ausgestattet sein?

Zimmerspringbrunnen, glänzende Stoffe wie Satinbezüge, Seide und glänzende, lackierte Böden, entsprechen dem Element Wasser.

Blasse, fliederfarbene und pastellig grau abgestufte Wände geben dem Raum die Klarheit und Unterstützung, die der Wasser-Mensch benötigt. Kombinieren Sie diese zarten Farbtöne mit kräftigen Blau-, Grün- und Lilatönen für die Fußböden, die Türen, Bilderrahmen, Sessel oder Übergardienen.

Schimmernde Flächen, Perlen, Glasvitrinen und Glasschmuck, bilden neben welligen und horizontal verlaufenden Mustern, neben runden Beistelltischen und Muscheldekoration, ein stimmiges Gesamtkonzept.

DER HOLZMENSCH

Wo sollten Sie wohnen?

Sie benötigen eine Umgebung mit viel Grün. Sie fühlen sich am wohlsten in einer Umgebung mit großen Bäumen im Garten oder dem Blick auf eine Parklandschaft. Ein Haus am Wasser wäre am besten geeignet, da das Element Wasser das Holzelement im Kreislauf der Elemente fördert.

Wie sollte Ihr Haus ausgestattet sein?

Eine große Wohnküche und große Räume, auch ein Wintergarten, sind für Sie ideal. Sie benötigen große Pflanzen, die in die Höhe wachsen, Zimmerspringbrunnen und Holz. Helle Holztöne beruhigen aufgewühlte Emotionen. Dunkle Hölzer hingegen wirken belebend und wärmen die Seele.

Achten Sie darauf, dass man die Astlöcher ruhig sieht, denn Holzmenschen wollen durch die Maserung das Leben und Wachstum sehen. Durch künstlerische Hände geschaffene Holzkunstwerke vermitteln Zielstrebigkeit und Inspiration. Auch Intarsien sind günstig für Holzmenschen.

DIE HAUSPLANUNG
NACH IHREM TIERKREISZEICHEN

Ob Sie eher ein Mensch sind, der die oberen Etagen bevorzugt oder auch ein Haus benötigt, dass eine Sicht in die Ferne hat oder auch nicht, dies geht aus Ihrem Tierkreiszeichen hervor. Entnehmen Sie bitte der Tabelle der Elemente nun auch Ihr Tierkreiszeichen.

Sie werden so leicht herausfinden können, welche Persönlichkeit noch in Ihnen schlummert und zusätzliche Hinweise für das Planen des Hauses und der Einrichtung erhalten.
Schauen Sie nach dem exakten Monatsanfang des asiatischen Mondjahres, wenn Sie im Januar oder Februar geboren wurden. Beispielsweise sind Sie am 6.1.1976 geboren, dann sind Sie noch im Jahr 1975 geboren, da das Jahr 1975 bis zum 31.1.1976 ging. Mit dem 1.2.1976 begann in diesem Fall das neue Jahr, nämlich 1976, das Jahr des Drachen. Wer vor diesem Tag geboren wurde, ist entsprechend noch im „alten" Jahr geboren und somit ein Hasen-Geborener.

Die chinesische Astrologie der Tierkreiszeichen bei der Planung mit einzubringen, bereichert die Architektur des Hausbaus. Die 12 Tierkreiszeichen repräsentieren die 12 Urbilder der Welt. Sie geben 12 verschiedene Wesens- und Seinszüge des Menschen an. Mit der Geburt werden dem Menschen bestimmte kosmische Konstellationen mit auf den Weg gegeben. Die Planung Ihrer Räume sollte in jedem Fall einen Bezug zu Ihren Elementen und Tierkreiszeichen entsprechen. Die zwölf irdischen Äste sind die zwölf Erdenergieformen, die auch als die zwölf Tiere des asiatischen Tierkreises bekannt sind. Innerhalb der Strömungen der Erde bestehen Wechselbeziehungen, die sich in regelmäßigen, zwölfteiligen Abständen wiederholen. Diese Zyklen sind in einem sich alle zwölf Jahre, alle zwölf Monate und alle zwölf Stunden wiederholenden Rhythmus zu beobachten. Diese Rhythmen haben ihre Wirkung auf die zwölf Hauptmeridiane des Körpers und beeinflussen so das vegetative System und auch damit die Gesundheit und Leistungsfähigkeit des Organismus.

In der chinesischen Astrologie nennt man das Tierkreiszeichen auch den „Ast". Nach einem 12 jährigen Zyklus wiederholt sich das jeweilige Tierkreiszeichen, allerdings immer wieder neu mit einem anderen „Stamm" oder Element gepaart. Ein Zyklus von 12 Jahren beginnt jeweils mit dem Jahr der Ratte. Dann folgen das Jahr des Büffels (in der Tabelle auch als „Ochse" bezeichnet), des Tigers, des Hasen, des Drachen, der Schlange, des Pferdes, des Schafes, des Affen, des Hahnes, des Hundes und des Schweins. Letzteres schließt den Kreis. 2008 war das Jahr der Ratte. Damit begann wieder ein Zyklus von 12 Ästen. Jedes Jahr folgt ein anderes Tier, aber immer in der vorbenannten Reihenfolge. Wenn man also weiß, in welchem Jahr ein Mensch geboren ist, dann kann man den Ast seiner Geburt zurück verfolgen und somit das Geburtsjahrestier feststellen.
Kennt man seinen Ast, das Tierkreiszeichen, kann man charakterliche Bezüge herleiten, die Einrichtung noch genauer betrachten sowie den Hausbau beeinflussen.

Jahr	Beginn	Tierkreis-zeichen
1900	31. Jan	Ratte
1901	19. Feb.	Ochse
1902	08. Feb.	Tiger
1903	29. Jan.	Hase
1904	16. Feb.	Drache
1905	04. Feb.	Schlange
1906	25. Jan.	Pferd
1907	13. Feb.	Schaf
1908	02. Feb.	Affe
1909	22. Jan.	Hahn
1910	10. Feb.	Hund
1911	30. Jan.	Schwein
1912	18. Feb.	Ratte
1913	06. Feb.	Ochse
1914	26. Jan.	Tiger
1915	14. Feb.	Hase
1916	03. Feb.	Drache
1917	23. Jan.	Schlange
1918	11. Feb.	Pferd
1919	01. Feb.	Schaf
1920	20. Feb	Affe
1921	08. Feb	Hahn
1922	28. Jan	Hund
1923	16. Feb	Schwein
1924	05. Feb	Ratte
1925	25. Jan	Ochse
1926	13. Feb	Tiger
1927	02. Feb	Hase
1928	23. Jan	Drache
1929	10. Feb	Schlange
1930	30. Jan	Pferd
1931	17. Feb	Schaf
1932	06. Feb	Affe
1933	26. Jan	Hahn
1934	14. Feb	Hund
1935	04. Feb	Schwein
1936	24. Jan	Ratte
1937	11. Feb	Ochse
1938	31. Jan	Tiger
1939	19. Feb	Hase
1940	08. Feb	Drache
1941	27. Jan	Schlange
1942	15. Feb	Pferd
1943	05. Feb	Schaf
1944	25. Jan	Affe
1945	13. Feb	Hahn
1946	02. Feb	Hund
1947	22. Jan	Schwein
1948	10. Feb	Ratte
1949	29. Jan	Ochse
1950	17. Feb	Tiger
1951	06. Feb	Hase
1952	27. Jan	Drache
1953	14. Feb	Schlange
1954	03. Feb	Pferd
1955	24. Jan	Schaf
1956	12. Feb	Affe
1957	31. Jan	Hahn
1958	18. Feb	Hund
1959	08. Feb	Schwein
1960	28. Jan	Ratte

Jahr	Beginn	Tierkreis-zeichen
1961	15. Feb	Ochse
1962	05. Feb	Tiger
1963	25. Jan	Hase
1964	13. Feb	Drache
1965	02. Feb	Schlange
1966	21. Jan	Pferd
1967	09. Feb	Schaf
1968	30. Jan	Affe
1969	17. Feb	Hahn
1970	06. Feb	Hund
1971	27. Jan	Schwein
1972	15. Feb	Ratte
1973	03. Feb	Ochse
1974	23. Jan	Tiger
1975	11. Feb	Hase
1976	31. Jan	Drache
1977	18. Feb	Schlange
1978	07. Feb	Pferd
1979	28. Jan	Schaf
1980	16. Feb	Affe
1981	05. Feb	Hahn
1982	25. Jan	Hund
1983	13. Feb	Schwein
1984	02. Feb	Ratte
1985	20. Feb	Ochse
1986	09. Feb	Tiger
1987	29. Jan	Hase
1988	17. Feb	Drache
1989	06. Feb	Schlange
1990	27. Jan	Pferd
1991	15. Feb	Schaf
1992	04. Feb	Affe
1993	23. Jan	Hahn
1994	10. Feb	Hund
1995	31. Jan	Schwein
1996	19. Feb	Ratte
1997	07. Feb	Ochse
1998	28. Jan	Tiger
1999	16. Feb	Hase
2000	05. Feb	Drache
2001	24. Jan	Schlange
2002	12. Feb	Pferd
2003	01. Feb	Schaf
2004	22. Jan	Affe
2005	09. Feb	Hahn
2006	29. Jan	Hund
2007	18. Feb	Schwein
2008	07. Feb	Ratte
2009	26. Jan	Ochse
2010	14. Feb	Tiger
2011	03. Feb	Hase
2012	23. Jan	Drache
2013	10. Feb	Schlange
2014	31. Jan	Pferd
2015	19. Feb	Schaf
2016	08. Feb	Affe
2017	28. Jan	Hahn
2018	16. Feb	Hund
2019	05. Feb	Schwein
2020	25. Jan	Ratte

DIE RATTE

Die Einrichtung

Farben: Weiß, Rot und Grün

Wohnebene

Erdgeschoss und Souterrain

Wohnstil

Tradition und Moderne treffen sich hier vortrefflich, gemütlich und geschmackvoll

DER BÜFFEL/OCHSE

Die Einrichtung

Farben: Gelb, Weiß und Rot

Wohnebene

Erdgeschoss und Souterrain

Wohnstil

Gemütlich, praktisch, gartennah

DER TIGER

Die Einrichtung

Farben: Gelb, Weiß und Rot

Wohnebene

Erdgeschoss und Obergeschoss

Wohnstil

Modern, offen, freie Räume, weniger Accessoires, Edles und Feines

DER HASE

Die Einrichtung

Farben: Weiß, Rot und Lila

Wohnebene

Erdgeschoss

Wohnstil

Warmer Einrichtungsstil, Kamin, Teppichböden

DER DRACHE

Die Einrichtung

Farben: Weiß, Grün und Rot

Wohnebene

Obergeschoss und Dachgeschoss

Wohnstil

Modern, offen, freie Räume, weniger Accessoires, Edles und Feines

DIE SCHLANGE

Die Einrichtung
Farben: Weiß, Grün und Rot

Wohnebene
Obergeschoss und Dachgeschoss

Wohnstil:
Ererbtes und Modernes, gemütlich, warm

DAS PFERD

Die Einrichtung
Farben: Weiß, Grün und Rot

Wohnebene
Erdgeschoss, Gartenebene

Wohnstil
Offene, freie Räume, weniger Accessoires, Edles und Feines

DAS SCHAF

Die Einrichtung
Farben: Weiß, Grün und Gelb

Wohnebene:
Erdgeschoss, Gartenebene

Wohnstil:
Praktische Räume mit Plätzen für Nähe und Freunde

DER AFFE

Die Einrichtung
Farben: Weiß, Grün und Gelb

Wohnebene:
Obergeschoss und Dachgeschoss

Wohnstil:
Traditionsbewusste Räume mit modernem Glanz und Plätzen für Feste und die Familie

DER HAHN

Die Einrichtung
Farben: Weiß, Rot und Gelb

Wohnebene
Obergeschoss und Dachgeschoss

Wohnstil
Edle Stoffe, Glänzende Accessoires und Markenartikel schmücken den Raum, ergänzt durch traditionelle Möbel

DER HUND

Die Einrichtung
Farben: Gelb, Weiß und Rot

Wohnebene:
Erdgeschoss und Gartenebene

Wohnstil:
Traditionsbewusste Räume mit modernem Glanz und Plätzen für Feste und die Familie

DAS SCHWEIN

Die Einrichtung
Farben: Weiß, Grün und Rot

Wohnebene
Erdgeschoss und Gartenebene

Wohnstil
Gemütlich, freundesnah und einladend stellt sich das Ambiente eines Schwein-Geborenen-Menschen dar.

Wenn Sie unterschiedliche Tierkreiszeichen haben sollten, so achten Sie darauf, dass sich nicht nur einer von Ihnen im Hausbau verwirklicht und der andere nicht. Dies würde zu Spannungen führen. Ein Büffel/(bzw. Ochse)-Geborener wird beispielsweise ein Haus für die Ewigkeit bauen wollen. Die Mauerverkleidungen und das Gartengeschoss sind ihm am wichtigsten. Während ein Hahn-Geborener die oberen Etagen als besonders wichtig empfindet und sehr wohl sich vorstellen kann, alles so zu bauen, dass es auch leicht wieder verändert werden kann. In jedem Fall ist die Verbindung zwischen Astrologie und Architektur lohnenswert zum Wohle der Menschen. Architekten, die sich hier weniger gut auskennen, können einen guten Feng Shui-Master in ihre Projekte mit einbeziehen. Denn nicht selten kommt es vor, dass der Architekt eher eine Verwirklichung seiner eigenen „Ich-Projektion“ anstrebt als die Verwirklichung des Planes für die entsprechend vielleicht ganz anders gearteten Bewohner. Bei meiner Tätigkeit bin ich oft Bindeglied zwischen Architekt und Bauherrn bzw. Bauherrin.

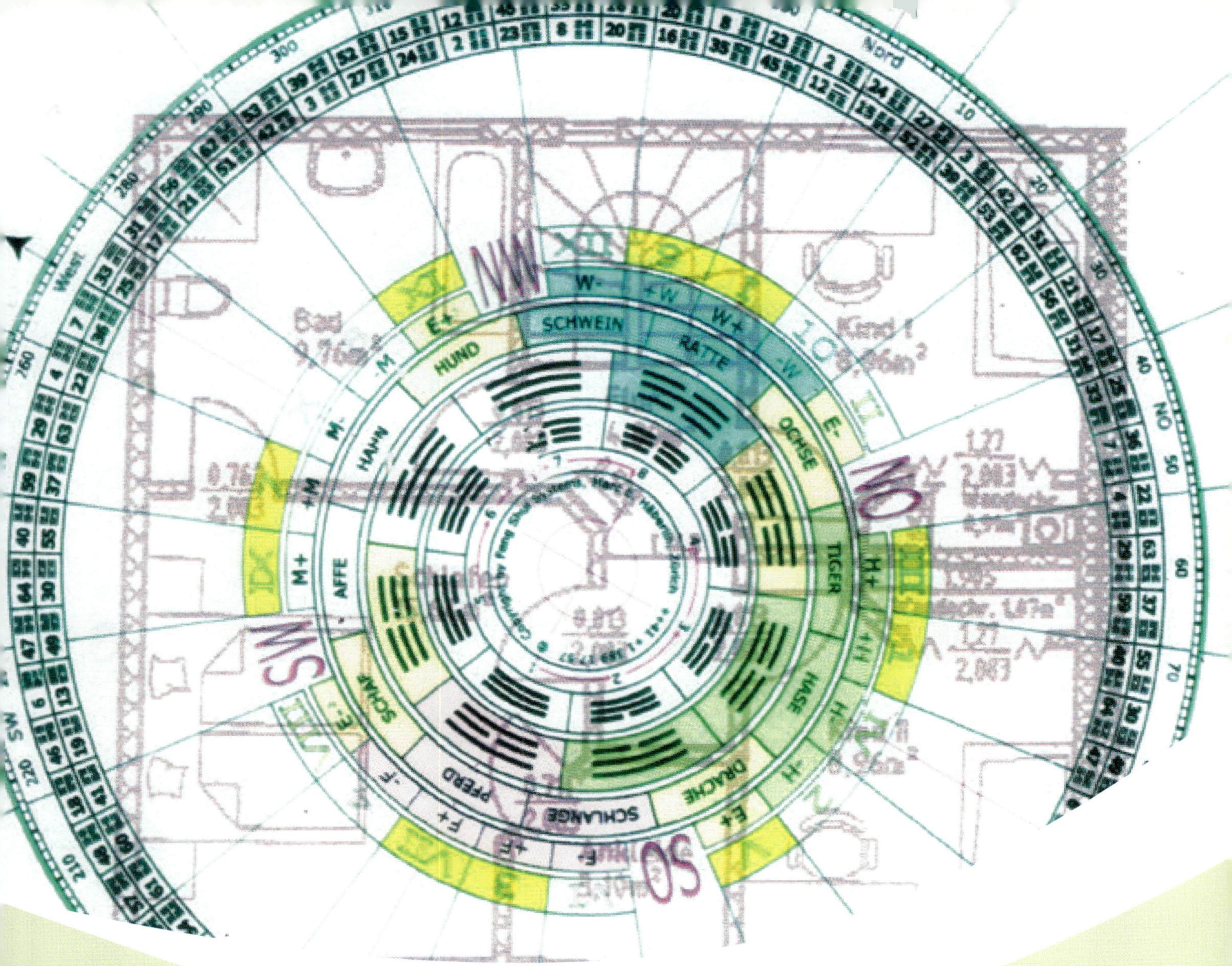

DIE FESTLEGUNG DER SITZ- UND BLICKRICHTUNG DES HAUSES

Für Ihre Planung: Legen Sie eine eindeutige Blick- und eine ebenso eindeutige Rückenposition des Gebäudes fest. Umso klarer dies geschieht, desto klarer werden die Bewohner in ihren Entscheidungen sein und desto lebenswerter wird dieses Haus. Denn ein Haus ist, wie schon erwähnt, wie ein menschlicher Körper zu sehen, der auf der Rückseite keine Fenster hat und dessen Augen sich auf der Vorderseite befinden. Wenn ein Gebäude gut „sitzen" soll, so nehmen Sie selbst einen Stuhl und rücken ihn auf dem Grundstück so, wie Sie später das Haus „setzen" werden. Vom Gartensessel aus sollten Sie eine gute Sicht in die Ferne haben und hinter Ihnen sollte sich eine Anhöhe oder ein Schutzwall von Bäumen befinden. Probieren Sie es aus! Es ist unbeschreiblich gut, mit dem Gartensessel über das Grundstück zu rücken und sich die Hausposition auf diese Weise zu erschließen.

Da das Haus auch auf der Rückseite Fenster bekommt, sind diese allerdings kleiner und schmaler als auf der Vorderseite, wo sich die großen Terrassen- und Balkonfenster befinden.

Sehen Sie nun, welche Räume auf die Sitzseite des Hauses kommen und welche auf die Blickseite.

Anmerkung: „Schützen“ Sie die Sitzposition des Hauses durch Bäume oder eine Mauer (bitte Bestimmungen für den Bau einer Mauer beim örtlichen Bauamt erfragen!) und legen Sie die „Blickposition“ in den Hauptgarten oder über Feld, Wiesen und Weite.

Die Sitzposition des Hauses befindet sich idealer Weise in Übereinstimmung mit Ihrer Ming-Kwa-Zahl. Wenn Sie zu zweit sein sollten, so richtet sich die Sitzposition des Hauses nach dem Meistverdiener. In China ging man davon aus, dass dies der Mann war. Auch die Türrichtung geht nach dem Hauptverdiener. Lilian Too, eine bekannte Feng Shui-Fachfrau hat zwei Eingänge des Hauses, da sie und ihr Mann unterschiedlichen Lebensgruppen angehören. Die Hausposition, also die Richtung, in der der Rücken des Hauses steht, wird in der Regel immer mit dem Hauptverdiener in Übereinstimmung sein.

SITZSEITE
Kleine Fenster, Schlafzimmer, Küche, Bäder, Abstellräume und Treppen

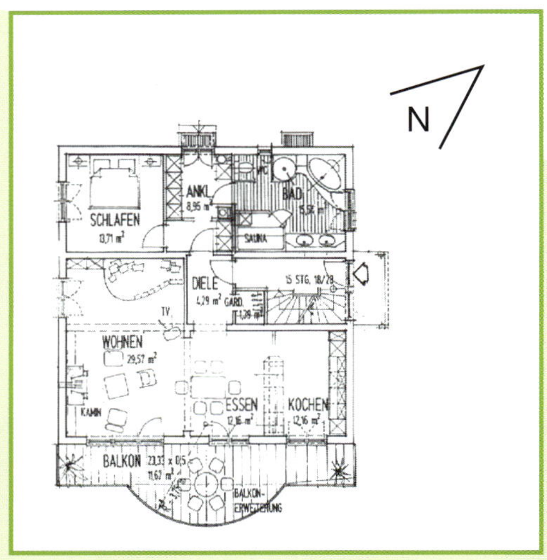

BLICKSEITE
Große Fenster, Wohnzimmer, Arbeitszimmer, Balkone und Terrassen

Dieses Feng Shui-Haus für westliche Bewohner sitzt im Nordwesten und blickt nach Südosten. Es ist ein Chien-Haus. Sind Sie ein westlicher Mensch, so ist die Sitzposition in unseren Breitengraden in der Regel im Nordosten oder Nordwesten. Wenn Sie ein Mensch der östlichen Lebensgruppe sein sollten, so befindet sich die Sitzposition des potentiellen Hauses im Norden oder Osten.

Nach der „Sitzposition“ richtet sich auch die Energieverteilung im Haus. Die Energien haben acht verschiedene Bezeichnungen und werden als „Haustrigramme“ bezeichnet. Sehen Sie im nachfolgenden Kapitel wie diese aussehen:

Sitzposition	Blickrichtung	Trigramm	Lo-Shu-Zahl
N	S	KAN	1
S	N	LI	9
O	W	CHEN	3
W	O	TUI	7
NO	SW	KEN	8
NW	SO	CHIEN	6
SO	NW	SUN	4
SW	NO	KUN	2

Das Haustrigramm besagt unter anderem auch, welche Aufgaben Sie in diesem Haus erwarten.

Haustrigramm Li, Sitz im Süden
Bemühen Sie sich die Freude am Leben zu entdecken. Die nötige Anerkennung für erbrachte Leistungen zu bekommen, ist die vorrangige Aufgabe. Gehen Sie aus sich heraus und stellen Sie sich ins Rampenlicht der Aufmerksamkeit!

Haustrigramm Kun, Sitz im Südwesten
Die Versorgung anderer ist das Hauptthema, repräsentiert das Trigramm doch auch die „Urmutter", die Versorgerin. Der Zusammenhalt ist wichtig und man sollte sich um eine intakte Paarbeziehung kümmern.

Haustrigramm Tui, Sitz im Westen
Leben Sie die Freude und Leichtigkeit des Lebens aus, spielerisch und kreativ. Behalten Sie dabei Ihr Konto im Auge. Bauen Sie nicht auf zufälligen Kredit! Wer sich daran hält, wird viel Freude in diesem Haus haben.

Haustrigramm Chien, Sitz im Nordwesten
Seien Sie für andere da und helfen Sie, wo es gefordert wird. Es ist das Haus des Gebens und Nehmens!

Haustrigramm Kan, Sitz im Norden
Es ist das Haus der beruflichen Entwicklung. Finden Sie Ihren Weg und bleiben Sie wie das Trigramm „Kan", das Wasser: beweglich und anpassungsfähig an Veränderungen!

Haustrigramm Ken, Sitz im Nordosten
Lernen und arbeiten Sie daran, zu Wissen und Weisheit zu gelangen. Das Haus fordert die Bewohner dazu auf, sich Informationen und Wissen anzueignen.

Haustrigramm Chen, Sitz im Osten
Dies ist das Haus des „Donners", der Bewegung, der Veränderung. Sie werden viel Schwung haben und sollten sich um die Belange der Familie kümmern und um deren Gesunderhaltung.

Haustrigramm Sun, Sitz im Südosten
Das Haus der finanziellen Möglichkeiten! Schöpfen Sie aus den geistigen, seelischen und materiellen Füllbereichen des Lebens!

Dieses Haus blickt nach Süden und sitzt im Norden. Es ist ein „Kan-Haus". Der Berg ist im Rücken, was eine gute, bergende und schützende Kraft gibt. Man spricht im Feng Shui davon, dass dieses Haus eine gute „Schildkröte" hat. Der Blick ist frei, so dass der „Rote Vogel Phönix" eine günstige Position hat. Die besten Energien befinden sich im Osten, Südosten, Norden und Süden. Die Räume in diesen Himmelsrichtungen eignen sich für die Schlafräume, Arbeitszimmer oder auch das Wohnzimmer. Die Bewohner haben die Aufgabe, flexibel zu bleiben und anpassungsfähig, mit den Veränderungen der Zeit mitzugehen.

Wenn Sie das Haustrigramm ermittelt haben, so ergeben sich jetzt die acht „Omen". Diese haben unterschiedliche Wirkungen auf die Hausbewohner. Sehen Sie selbst! Es gibt vier sehr gute Energie- oder Omenbereiche und vier sehr ungünstige Energie- oder Omenbereiche.

DIE ENERGIEVERTEILUNG
IN DEN RÄUMEN

„OMEN“

In der Kompassschule klassifiziert man das Gebäude entsprechend den acht Himmelsrichtungen. Diese Schule erklärt, dass es in jedem Haus Bereiche gibt, die von Natur aus wesentlich günstiger als andere sind. Dass bestimmte Bereiche positive oder negative Auswirkungen haben, hat nichts mit dem Lichteinfall oder der Konstruktion als solches zu tun, auch nichts mit der Einrichtung oder Raumbelüftung. Allein die Sitzposition im Zusammenhang mit Umgebungsfaktoren macht die positiven und negativen Hausbereiche aus. Die Energien entstehen, sobald der Hauskörper ein geschlossener Körper ist, Fenster und Türen eingebaut sind. Dann sind, wie im menschlichen Körper, die Energien in einigen Bereichen besonders aufbauend und in anderen eher negativ.

Die Omen richten sich nach der Sitz- und Blickposition des Hauses. Der Sitz ist, wie schon gesagt, dort, wo sich die Rückseite Ihres Hauses befindet, die kleinen Fensteröffnungen, die Bäder, Küchen und Treppenaufgänge beispielsweise und der Blick ist dort, wo die großen Fensteröffnungen sich befinden, die Terrasse, der Garten, die Balkone.

Dieses Haus sitzt im Norden und blickt nach Süden. Es ist ein Kan-Haus.

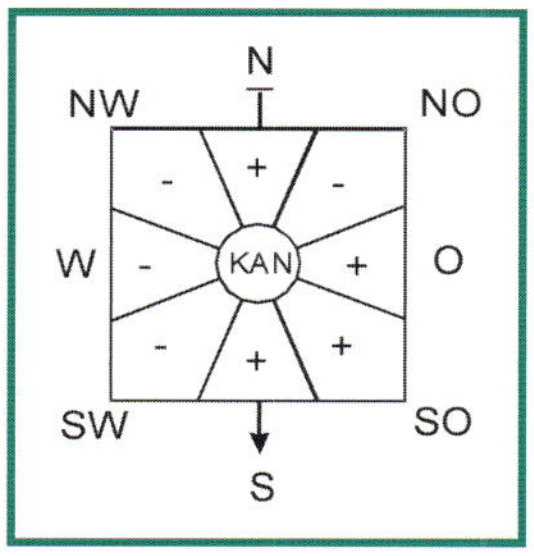

Dieses Haus sitzt im Nordosten und blickt nach Südwesten. Es ist ein Ken-Haus.

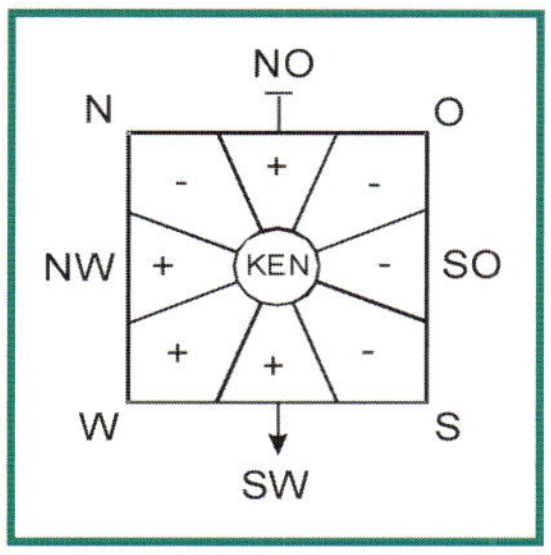

Dieses Haus sitzt im Osten und blickt nach Westen. Es ist ein Chen-Haus.

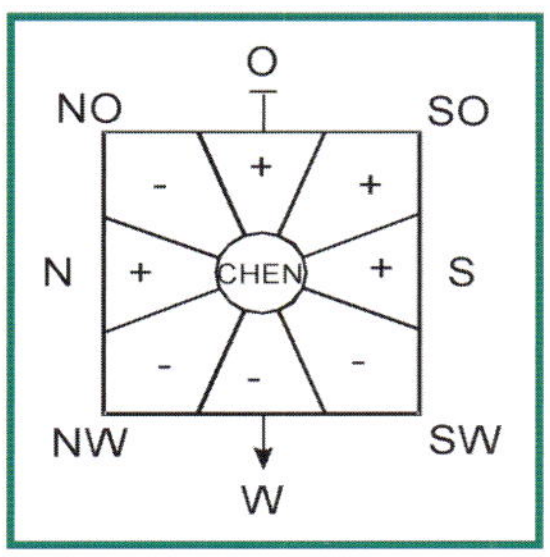

Dieses Haus sitzt im Südosten und blickt nach Nordwesten. Es ist ein Sun-Haus.

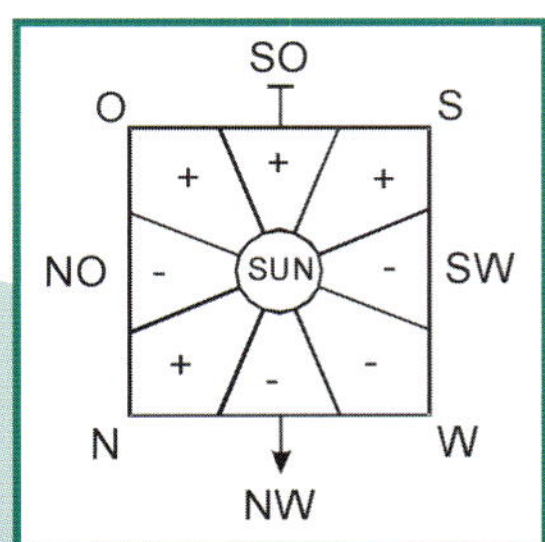

Sitzt ein Haus entsprechend im Südosten, Süden, Norden oder Osten, so sind die günstigen Bereiche der Energien ebenfalls in allen angegebenen Richtungen zu finden. Ein Osthaus hat dementsprechend seine positiven Energien im Süden, Osten, Südosten und Norden sitzen.

Anders verhält es sich bei den Häusern die im Westen, Südwesten, Nordwesten oder Nordosten sitzen. Sitzt Ihr Haus beispielsweise im Nordosten, so sind Ihre günstigen Energiebereiche im Nordosten, Südwesten, Westen und Nordwesten zu finden.

Dieses Haus sitzt im Süden und blickt nach Norden. Es ist ein Li-Haus.

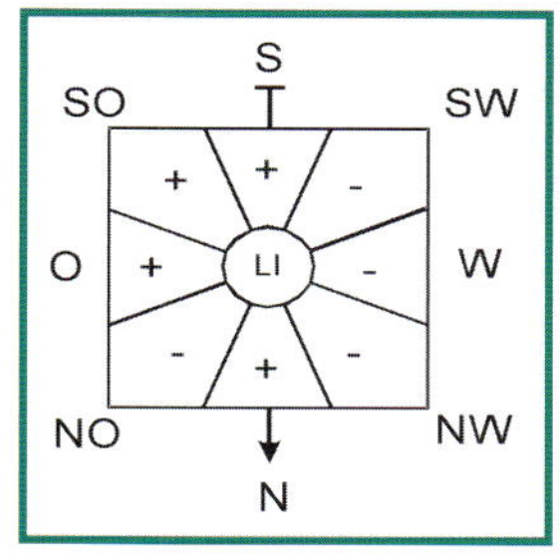

Dieses Haus sitzt im Südwesten und blickt nach Nordosten. Es ist ein Kun-Haus.

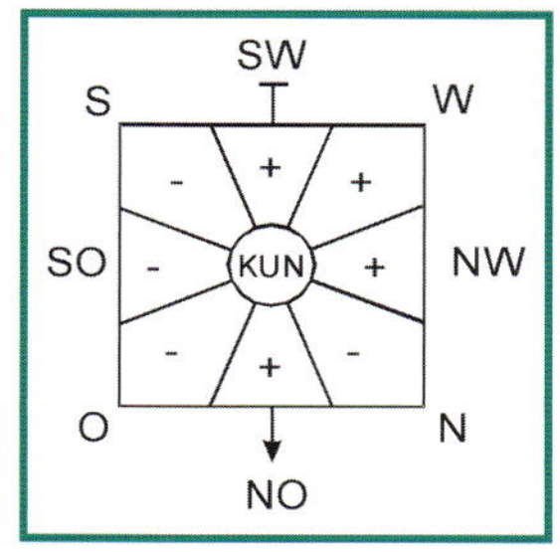

Dieses Haus sitzt im Westen und blickt nach Osten. Es ist ein Tui-Haus.

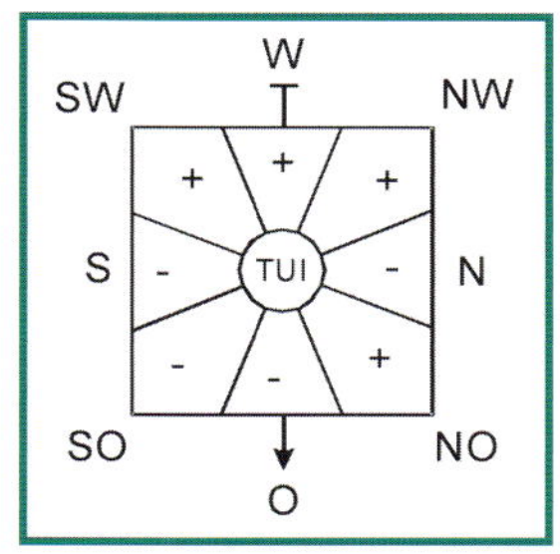

Dieses Haus sitzt im Nordwesten und blickt nach Südosten. Es ist ein Chien-Haus.

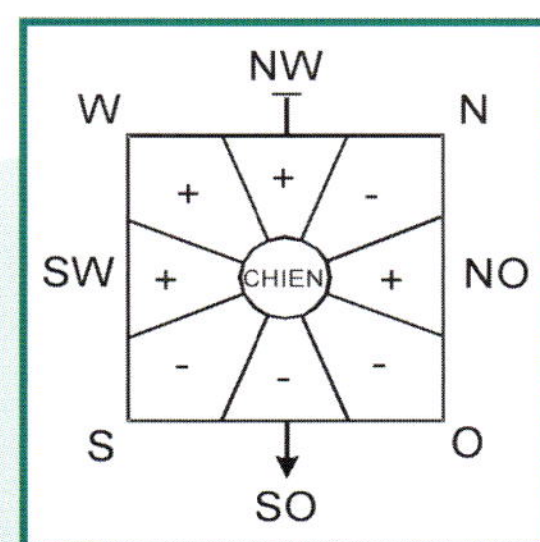

Die mit einem Pluszeichen versehenen Bereiche in den Grafiken fördern die Energie der Bewohner. Die mit Minus versehenen Bereiche schwächen sie. Wenn Sie allerdings in den Minusbereichen eines Hauses die Bäder, die Küche oder Abstellräume platzieren, so werden Sie die Negativenergien nicht aufnehmen. Grundsätzlich sollten sich in den Plusbereichen des Hauses Ihr Eingang und auch Ihr Schlafzimmer befinden. Räume, die man mehr als drei Stunden am Stück benutzt, sollten grundsätzlich in den Plusbereichen liegen.

DIE ACHT OMEN

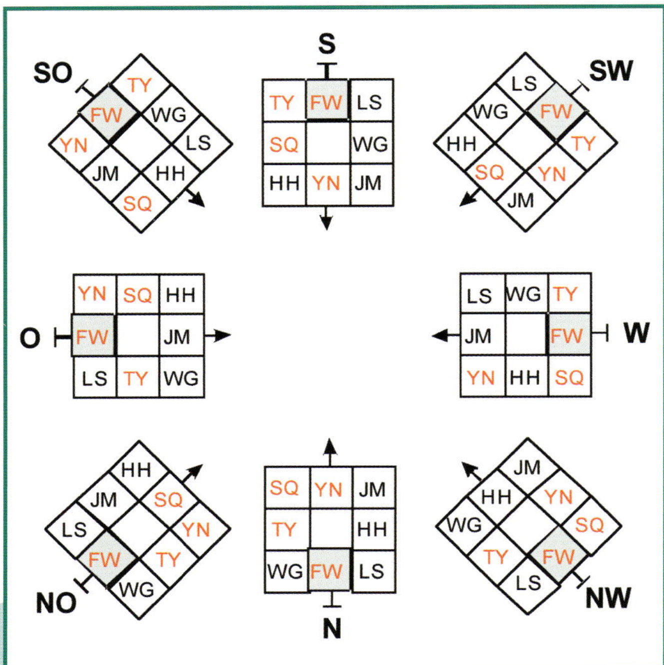

Die Himmelsrichtungen geben hier jeweils die Sitzposition des Gebäudes an. Der Pfeil die Blickrichtung.

DIE ENERGETISCHE BEDEUTUNG UND AUSSAGE DER JEWEILIGEN OMEN

Omen sind Energiequalitäten, die an die Himmelsrichtungen gebunden sind. Vorzeichen bedeutet: das was kommt! Die chinesischen Häuser haben keine Fensteröffnungen nach außen, nur zum Innenhof, daher haben sie auch keine Omen. Omen gibt es nur bei Gebäuden mit den Fensteröffnungen in die Umgebung, nach außen. Spanische Altbauten haben oft einen Innenhof und das ganze Leben spielt sich hier ab. Diese Gebäude haben keine Omen!

SQ: VITALITÄT {SHENG CHI}

Bedeutet die beste Lebensenergie, hohe Vitalität und sanfter Chifluß. Schlafen ist in diesem Bereich von Vorteil. Denn Vitalität und Kommunikation mit den Geistführern werden verstärkt. Das Glück, der Erfolg und günstige Lebensumstände. Man erreicht leicht eine gute politische Karriere, eine angesehene gesellschaftliche Position und herausragende akademische Leistungen. Große Errungenschaften, Glück und Ruhm sind erreichbar. Der ideale Platz zum Studieren oder Regenerieren. Hier erhält man Freude und Energie für künstlerisches wie auch wissenschaftliches Arbeiten.

TY: HIMMLISCHER ARZT {TIEN YI}

Was so viel bedeutet wie göttliche Heilung oder himmlischer Arzt. Dieses Chi ist heilend und voller Lebensenergie. Besonders verstärkt wird der Aspekt von Gesundheit und Heilung, wenn sich in diesem Bereich der Eingang und die Tür zum Schlafzimmer befinden. Guter Erfolg, Wohlstand und den Reichtum der gehobeneren Mittelschicht bringt dieses Vorzeichen. Hier kann auch meditiert oder sich von einem Unglück erholt werden.

YN: LANGLEBIGKEIT {YIEN NIEN}

Das ist der ideale Ort zum Schlafen, Wohnen und Arbeiten. Hier kann man wirklich seine Kräfte regenerieren. Dies bedeutet, dass sich gute Nachkommenschaft einstellt. Das Vorzeichen fördert die Toleranz in der Familie, Harmonie und Güte. Sehr gut geeignet ist dieses Vorzeichen für den Eingang zum Wohn- und Schlafzimmer, um die Familienharmonie zu verstärken. Falls man Beziehungs- oder Harmonieprobleme mit den Kindern haben sollte, ist es am besten man hat erst recht seine Tür zum Wohn- oder Schlafzimmer in diesem Bereich. Dieser Platz ist auch gut für eine frühe Heirat, Reichtum und Erfolg im Leben. Kinderlose Paare sollten hier ihr Schlafzimmer haben, wenn sie daran etwas ändern wollen.

FW: EINGANG {FU WEI}

Das ist die letzte günstige Position. Fu Wei bezieht sich auf das eigene grundlegende Selbst. Dieser Platz verstärkt die persönlichen Fähigkeiten, Fertigkeiten und entwickelt die Kraft, im Beruf und der Karriere erfolgreich zu sein. Diese Position ist (insbesondere für Manager) günstig, um einen klaren Kopf, Frieden und einen guten Umgang mit den Dingen anzuziehen. Die Bewohner haben ein gutes Leben.

HH: VORSICHT {WO HAI}

Dies ist von den ungünstigsten Positionen immer noch die Beste. Wo Hai bedeutet: Unfälle und Unglück. Kleinere Katastrophen, Gerichtsfälle, geringer Geldverlust, leichte Autounfälle und Arbeitsplatzverlust können sich hier ankündigen. Letzterer besonders dann, wenn man diesen Raum als Schlafzimmer benutzt. Alles in allem: kleinere Missgeschicke können sich ereignen, aber nichts Aufregendes.

LS: SECHS FLÜCHE {LIU SHA}

Es ist ein ungünstiger Raum. Ein Ereignis, das sechsmal beklagt werden muss, wird angekündigt. Vielleicht geschieht hier auch nur ein kleines Missgeschick. Sorgen und Krankheiten, Kopfschmerzen und schlechte Laune sind hierfür prädestiniert. Auch geringer Geldverlust und schlechte Einflüsse sind möglich. Am besten hat man in diesem Bereich die Toilette, die Abstellkammer oder einen anderen Raum, den man selten benutzt.

WG: FÜNF GEISTER {WU KUEI}

Damit sind die Geister der Verstorbenen gemeint. Hier sollten sich weder der Haupteingang noch das Schlafzimmer befinden. Denn es könnte hier zu Streitigkeiten, Disharmonien und Scheidung führen. Rechtsprobleme in der Familie wie im Geschäft können auftreten.

JM: ABSCHLUSS {CHUEH MINGH}

Das bedeutet übersetzt „vollständiger Verlust des Lebens“, oder lebensbedrohlich. Dieser Ort wird mit Raub, unheilbaren Krankheiten, Verlust von Grundstücksbesitz, Verlust von Kindern (insbesondere Jungen) und Bankrott gedeutet. Dies ist der ungünstigste Ort. Vermeiden Sie es hier das Schlafzimmer oder den Eingang zu haben, um nicht negative Energien und Unglück anzuziehen. Eine Abstellkammer oder ein Lagerraum wären hier besser untergebracht.

ACHTUNG

Nur 4 Räume erlauben den ständigen Aufenthalt (YN, TY, SQ und FW). In diesen vier Richtungen sollten der Eingang, die Schlafräume, das Wohn- oder Arbeitszimmer liegen.

Die ungünstigen 4 Räume (LS, WG, JM und HH) sollten nur sporadisch oder zu bestimmten Aufgaben genutzt werden bzw. nicht länger als 3 Stunden hintereinander. Jeder, der sich mehr als 8 Stunden in den ungünstigen Räumen aufhält, wird deutlich an Energie verlieren und mit der Zeit anspruchsvollen Aufgaben nicht mehr gewachsen sein.

KURZFASSUNG

SQ = Große Errungenschaften, Glück, Ruhm

TY = Guter Erfolg, Wohlstand, hilfreiche Freunde

YN = Gutes Einkommen, Familienharmonie, Arbeitsharmonie

FW = Friedvolle und gute Bewältigung von Angelegenheiten

HH = Disharmonie, viele Probleme, potentielle Gerichtsverfahren

LS = Einige Unglücksfälle, geringer Geldverlust, schlechte Einflüsse

WG = Unfallneigung, erfolglose Karriere, schlechte Einflüsse

JM = Verlust von Reichtum, Arbeitsverlust, Bankrott, schwere Gesundheitsprobleme

DIE AUFTEILUNG DER RÄUME

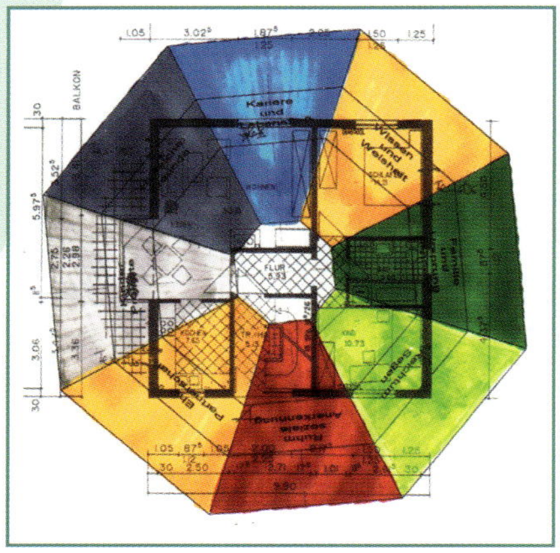

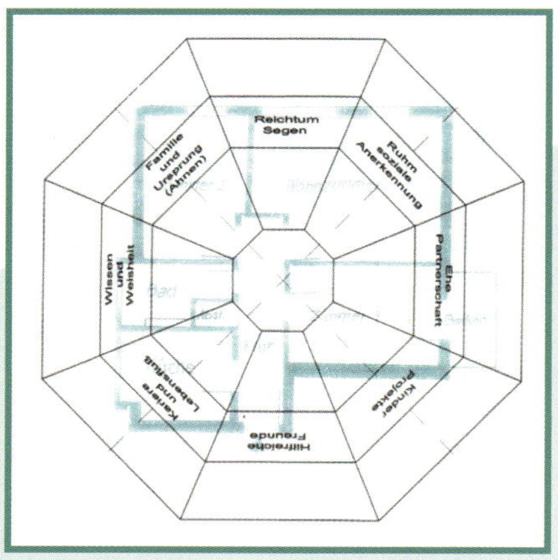

Die Aufteilung der Räume folgt dem Muster des Bagua. „Ba" heißt Acht und bedeutet die Aufteilung der Räume nach den acht Himmelsrichtungen. Die acht Himmelsrichtungen, die auch acht „Lebensbereichen" zugeordnet sind:

N	Karriere	blaues Feld
NO	Wissen und Weisheit	gelbes Feld
NW	Helfer und Freunde	dunkelgraues Feld
W	Kinder und Projekte	hellgraues Feld
SW	Ehe und Partnerschaft	gelbes Feld
O	Familie und Gesundheit	dunkelgrünes Feld
SO	Reichtum und Segen	hellgrünes Feld
S	Ruhm und Anerkennung	rotes Feld

Näheres zur Gestaltung nach den „Lebensbereichen" erfahren Sie auch in dem Buch: „Der große Feng Shui-Ratgeber" (www.fengshuimoogk.de).

Die Himmelsrichtungen stehen in Verbindung mit den Elementen Feuer, Erde, Metall, Wasser und Holz, die in der Abbildung auch farblich unterschieden sind.

Sehen Sie hier selbst die allgemeine Aufteilung der Räume nach den Himmelsrichtungen:

Osten
Elternschlafzimmer, Küche, Bäder
Südosten
Küche, Esszimmer
Süden
Wohnzimmer, Esszimmer
Südwesten
Wohnzimmer
Westen
Kinderzimmer
Nordwesten
Arbeitszimmer, Gästezimmer, Hauswirtschaftsraum
Norden
Bäder, Hauswirtschaftsraum
Nordosten
Abstellräume, Speisekammer, Ankleide

Dieser allgemeinen Anordnung kann im speziellen Sinne Ihres Hauses nicht immer Rechnung getragen werden. Außerdem hängt der Schlafraum von der persönlichen Ming-Kwa-Zahl der Bewohner ab, so dass es hier um eine individuelle Aufteilung geht. Vermeiden sollte man jedoch auf jeden Fall, die Küche, die dem Element Feuer zugeordnet wird, in den Bereich des „Wassers" in den Norden zu legen. Bei einem Haus muss man zusätzlich bedenken, dass es sich hier in der Regel um zwei Geschosse handelt, so dass wir in beiden Ebenen auch mit der Aufteilung der Räume agieren können.

Im vorangegangenen Kapitel haben Sie die „Omen" kennengelernt. Wenn Sie in Erinnerung haben, was Sie bereits über die „Omen" erfahren haben, so kommt dieser Punkt in der Planung der Räume hinzu. In die negativen „Omenbereiche" können Sie die Nebenräume legen wie Bäder, Küchen und Abstellräume. Die Schlafzimmer und Arbeitszimmer sollten sich in günstigen „Omen-Bereichen" befinden.

AUSWIRKUNGEN VON FEHLBEREICHEN

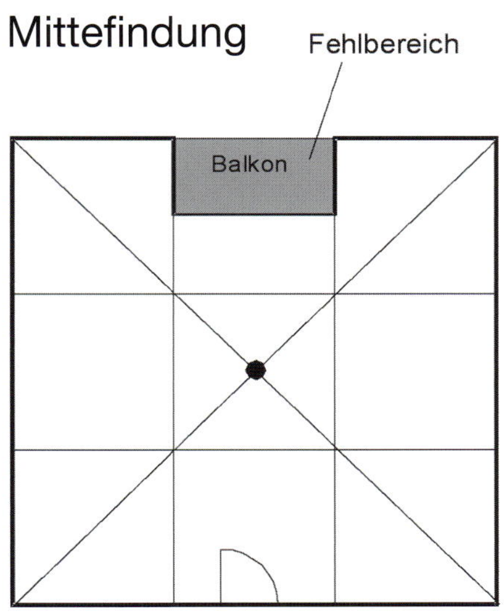

Erzeugen Sie keine Fehlbereiche

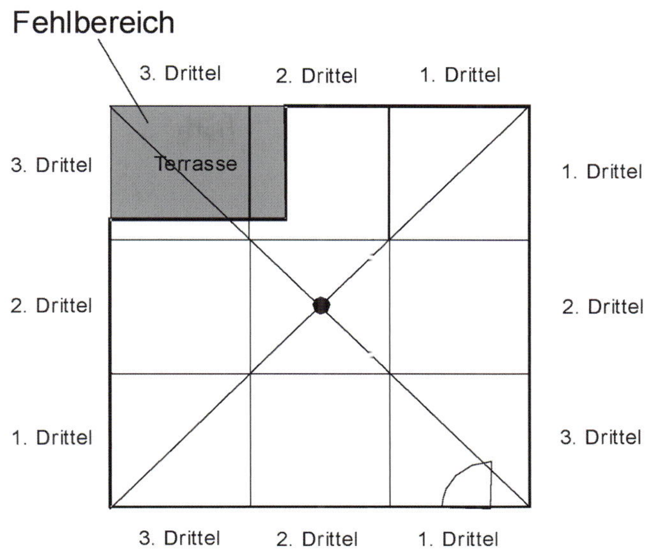

Um einen guten Baukörper zu erreichen, sollten Sie zunächst wissen, was Sie vermeiden müssen, um keine Probleme für die Bewohner „einzubauen“. Wenn beispielsweise eine Südwestecke des Hauses fehlt, so kann es zu Partnerschaftsproblemen kommen. Fehlt die Ecke des Mannes, der Nordwesten, so ist er benachteiligt und wird seine Energie nicht unterstützt finden. Ich habe in den 20 Jahren meiner Beratungstätigkeit viel gesehen und erlebt, was diese Themen anbelangt.
Wenn Sie Fehlbereiche ermitteln wollen, so gilt es zunächst die Mitte eines Gebäudes zu finden und die Drittelung anzuwenden.

Fehlbereiche entstehen dort, wo im Grundriss die Außenmauer über mehr als ein Drittel der Gesamtlänge einer Hausseitenwand zurückgesetzt ist. Ein Fehlbereich wird in Bezug gesetzt mit dem Thema der Himmelsrichtung, in der er sich befindet. Fehlt zum Beispiel der Bereich Westen, die Westecke quasi, fehlt hiermit auch der energetische Bereich des Hauses, der in Verbindung mit dem Kinderglück steht. So könnten sich Problem im Bereich „Kinderglück“ einstellen.

DIE EINBEZIEHUNG DER OMEN

Ein anderer Aspekt ist, dass der Omen-Bereich JM (Abschluss) keinen Verlust darstellt, wenn er ein Bereich ist, der fehlt. Dies gilt auch für die anderen drei negativen Omen-Bereiche.

Um fehlende Raumstrukturen zu ergänzen, kann später in der Innenraumgestaltung mit Spiegeln gearbeitet werden, die an die Wände in Richtung des Fehlbereiches gehängt werden. Oder auch mit der ergänzenden Außengestaltung, wie hier im Bild gezeigt.

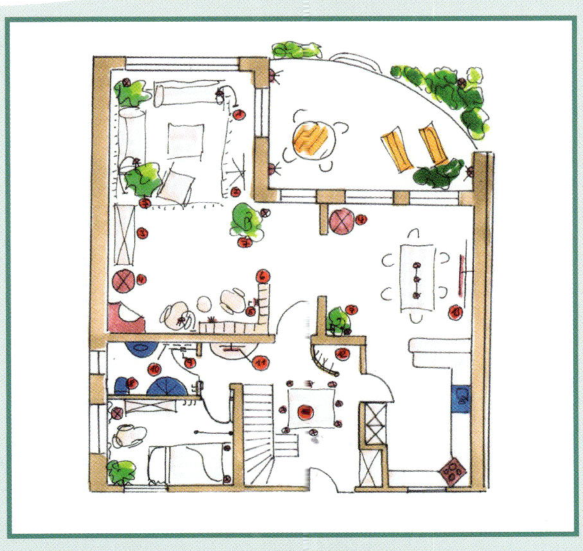

In der Außengestaltung wird ein Fehlbereich, wie hier im Plan eines Hausumbaus zu sehen ist, durch Maßnahmen im Garten mit einbezogen, indem man beispielsweise eine den Fehlbereich umschließende Beetgestalltung vornimmt oder auch ein Licht auf die fehlende Ecke stellt.
Auch die Doppel-Acht hilft an den Außen- und Innenwänden (je nachdem wie das im Design auch später harmonisch wirkt), zum Ausgleich der Fehlbereiche.

DIE AUSWIRKUNGEN VON FEHLBEREICHEN FÜR DAS LEBEN IM EINZELNEN

Fehlbereiche haben die Auswirkung, dass sie den Menschen mehr Energie als nötig abverlangen, um seine Aufgaben zu erfüllen. Sie führen oft in die berufliche Stagnation und zu Schwierigkeiten in der Partnerschaft. Kurzum: Sie sollten vermieden werden.

Es fehlt die Westecke – der Bereich der „Kreativität und des Kinderglücks" und der Bereich der „jüngsten Tochter"
Es mangelt an Kreativität und Kinderglück. Die Zukunftspläne lassen sich schwer in die Tat umsetzen. Die jüngste Tochter wird frühzeitig das Haus verlassen. Es mangelt daran, dass man sich selbst zu wenig gönnt und das Leben zu ernsthaft angeht.

Es fehlt die Südwestecke – der Bereich der „Partnerschaft und der Weiblichkeit" und der Bereich der „Frau und Mutter"
Es erfordert ein hohes Maß an Arbeit im Bereich der Partnerschaft, da man sich unter diesen Gegebenheiten nicht genügend gegenüber dem Partner öffnet. Gemeinsam kann man sein Ziel erreichen oder man gibt frühzeitig auf und trennt sich. Manche Häuser mit Fehlbereich im Südwesten werden vorzeitig wegen einer Trennung verkauft. Dem nächsten Bewohner wird es hier allerdings auch nicht anders ergehen.
Die Frau und Mutter des Hauses fühlt sich hier nicht anerkannt. Die daraus resultierenden Probleme können dazu beitragen, dass sie das Haus verlässt.

Es fehlt die Nordwestecke – der Bereich von „Kontakten und der Männlichkeit" und der Bereich des „Vaters und Mannes"
Man hat das Gefühl mangelnder Unterstützung. Das Leben wird als ein Kampf angesehen. Speziell der Mann des Hauses hat es schwer sich hier zu behaupten. Er fühlt sich mitunter unterdrückt und hat das Gefühl, dass er vermehrt für seine Anerkennung in der Beziehung kämpfen muss, um nicht unterzugehen. Aus den hieraus resultierenden Problemen kann er frühzeitig das Haus verlassen.

Es fehlt die Nordecke – der Bereich von „Karriere und Lebensenergie" und der Bereich des „mittleren Sohnes"
Berufliche Probleme sind häufig die Folge. Man muss sich doppelt so viel anstrengen, damit alles besser läuft und hat das Gefühl wie ein Hamster im Rad zu laufen, ohne die gewünschten Erfolge zu haben.
Der mittlere Sohn wird wohl frühzeitig das Haus verlassen.

Es fehlt die Nordostecke – der Bereich von „Wissen und Weisheit" und der Bereich des „jüngsten Sohnes"
Man fühlt sich weniger verbunden, geerdet und der fehlende Bereich „Wissen und Weisheit" gibt das Gefühl, dass man nur schwer an wichtige Informationen herankommt. Es wird viel geredet ohne die nötigen Hintergrundinformationen.
Der jüngste Sohn wird wohl frühzeitig das Haus verlassen.

Es fehlt die Ostecke – der Bereich von „Familie und Gesundheit" und der Bereich des „ältesten Sohnes"
Oft hängt man an Vergangenem und ist nicht bereit sich für Neues zu öffnen. Man bekommt das Gefühl, dass man in punkto Familienharmonie und Gesundheit immer hinterher läuft und seine Anstrengungen wenig fruchtbar sind.
Der älteste Sohn wird wohl frühzeitig das Haus verlassen.

Es fehlt die Südostecke – der Bereich von „Reichtum und Segen" und der Bereich der „ältesten Tochter"
Dieser Fehlbereich kann das Gefühl der Armut hervorrufen. Man klammert sich an alles und jeden. Es mangelt an finanziellem Glück und Reichtum im übertragenem Sinne des Wortes. Trotz verstärkter Anstrengungen bekommt man das Gefühl, dass man wenig erreicht.
Die älteste Tochter wird wohl das Haus frühzeitig verlassen.

Es fehlt die Südecke – der Bereich von „Ruhm und Anerkennung" und der Bereich der „mittleren Tochter"
Wem der Südbereich fehlt, hat es schwer, für seine erbrachten Leistungen die nötige Anerkennung trotz vermehrter Anstrengungen zu finden.
Die mittlere Tochter wird wohl das Haus frühzeitig verlassen.

WIRKUNGEN VON HAUSERWEITERUNGEN

Beträgt die Verschiebung der Außenmauer weniger als ein Drittel der Gesamtlänge einer Hausseitenwand, so handelt es sich um hervorgehobene Bereiche, also verstärkte Bereiche, wie sie oft für den Anerkennungs- und Geldbereich gewünscht werden. Ein Erker wäre demnach dort wünschenswert, wo ein Bereich hervorgehoben werden soll. Befindet sich beispielsweise ein Vorsprung im Bereich Ehe, so werden die Hausbewohner frühzeitig eine Ehe oder eine enge Partnerschaft eingehen.

Erweiterungen können dazu führen, dass sich eine Reihe von neuen Möglichkeiten auftun und genutzt werden können.

So schaffen Sie Erweiterungen

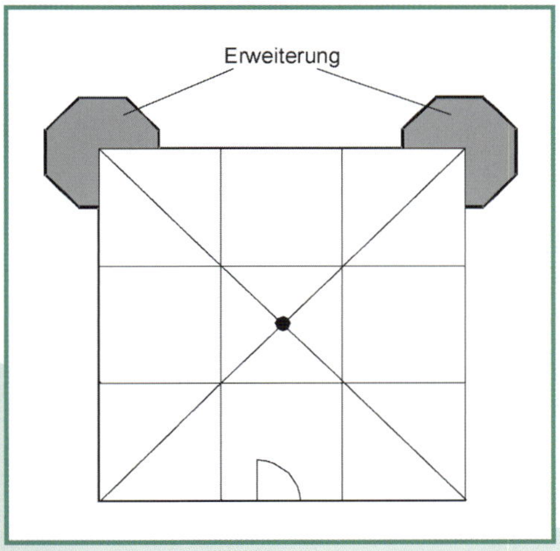

Erweiterungen können, wenn sie harmonisch sind, keine Probleme verursachen. Übermäßige Erweiterungen hingegen schon.
Je nachdem, in welchem Bereich sich diese Erweiterungen befinden würden, könnte beispielsweise der Mann des Hauses seine Bedürfnisse im nordwestlichen Bereich zu sehr in den Vordergrund stellen. Mit der Folge, dass dann sowohl seine eigenen Beziehung als auch die ganze Familie darunter leiden könnten. Ist der Südostbereich auf diese ungute Weise vergrößert und damit betont, so steht der finanzielle Aspekt im Vordergrund und man vernachlässigt leicht die Gesundheit. Bei einer Überbetonung im Bereich Norden würde man der Karriere und dem beruflichen Erfolg übermäßig viel Aufmerksamkeit widmen.

Die Westecke ist erweitert – der Bereich der „Kreativität und des Kinderglücks"
Man gönnt sich Entspannung und Freude und geht spielerisch mit den Dingen um.

Die Südwestecke ist erweitert – der Bereich der „Partnerschaft und der Weiblichkeit"
Man entwickelt ein Gefühl der Hingabe und der Fürsorge in einem solchen Haus. Die Erweiterung hilft zudem die Beziehungsfähigkeit zu fördern.

Die Nordwestecke ist erweitert – der Bereich von „Kontakten und der Männlichkeit"
Die Erweiterung fördert die Bereitschaft für andere da zu sein. Man kann sich so auch leicht verausgaben.

Die Nordecke ist erweitert – der Bereich von „Karriere und Lebensenergie"
Eine Fülle von Chancen im Beruf und auf dem Lebensweg bringen die Bewohner in die Lage, aus der Fülle der Möglichkeiten zu schöpfen.

Die Nordostecke ist erweitert – der Bereich von „Wissen und Weisheit"
Geistige Tätigkeiten, Wissenschaft und Forschung werden unterstützt. Diese Erweiterung befähigt den Bewohner sein Wissensspektrum zu erweitern.

Die Ostecke ist erweitert – der Bereich von „Familie und Gesundheit"
Diese vitale Energie bringt viel Schaffenskraft mit sich. Sie werden alles mühelos bewältigen.

Die Südostecke ist erweitert – der Bereich von „Reichtum und Segen"
Sie erleben die geistige und finanzielle Fülle des Lebens!

Die Südecke ist erweitert – der Bereich von „Ruhm und Anerkennung"
Beruflich und privat bekommen Sie die verdiente Anerkennung. Was auch immer Sie anpacken, es gelingt Ihnen leicht und Sie ernten dafür die Lorbeeren.

DER HAUSEINGANG

DER ERSTE EINDRUCK

Stellen Sie sich vor, dass Sie ein Gast besuchen kommt. Welchen ersten Eindruck wollen Sie ihm vermitteln? Nichts ist zufällig, schließlich ist auf energetischer Ebene alles miteinander verbunden. Ihre Persönlichkeit und die Ihres Partners und der Familie werden an der Tür bereits sichtbar. Haben Sie dort einen Willkommensgruß? Ist der Eingang attraktiv gestaltet und auch am Abend zu beleuchten? Wie tönt die Klingel? Ist der Name deutlich zu lesen? Findet man die Hausnummer leicht? Stehen im Eingangsbereich links der Tür ein kleiner Tisch und ein Stuhl oder eine Bank? Auch dies sind „Einladungsmöglichkeiten“. Wie ist das Klingelschild gestaltet? Sind dort alle Namen der Bewohner zu lesen oder nur der Familienname? Familienorientierte Hausbesitzer schreiben beispielsweise die Namen aller Familienmitglieder an das Klingelschild oder haben extra einen Anhänger an der Tür: „Hier wohnen...“.

Was werden die Besucher sehen, wenn sie später im eingerichteten Haus stehen und von der Eingangstür in das Innere schauen? Wer alles pedantisch aufgeräumt hat und mit sündhaft teuren Designermöbeln aufwartet, wird bei dem Besucher den Anschein erwecken, dass Kinder hier nicht erwünscht sind. Im Eingangsbereich offenbaren Sie Ihren Geschmack, Ihren Stil, auch in der Bilderwahl, den Gerüchen, der Farb- und Lichtwahl. Es könnte sich die Frage stellen, ob hier auch Kinder erwünscht sind und ob man hier auch „lebt“ oder nur repräsentieren will.

Stellen Sie sich vor, der Gast geht wieder. Auf was würde er schauen? Auf eine Mauer, die den Blick blockiert? Einen Baumstamm oder eine Laterne mittig der Tür? Vermeiden Sie dies von vornherein, um Blockaden in Ihrem Leben vorzubeugen.

DER HAUSZUGANGSBEREICH

Mit dem Eingang entfalten sich auch alle anderen Raumzugänge und die Treppenanlagen. Feng Shui-Meister berechnen exakt den Winkel, in der die Tür stehen soll, nach dem Prinzip des „Feixing Pei". In diesem Beispiel der roten Tür wurde genau der für die Bewohner förderliche Winkel eingehalten.

Planen Sie die Eingangstür. Von hier aus entfalten sich nicht nur die Räume, von hier aus ist auch der Weg zur Garage oder dem Carport zu nehmen. Denken Sie dabei im Chifluß an einen ergonomischen Weg!

Wenn Sie sich für ein Gartentor entscheiden sollten, so achten Sie darauf, dass es sich in die Richtung öffnet, in die Sie auch nachfolgend gehen wollen und nicht hin zu Mülltonnen, die in jedem Fall außerhalb des Sichtbereiches des Einganges platziert werden sollten. Mülltonnen sind auch sehr gut in einer Garage untergebracht, ebenso die Fahrräder. Sie können natürlich auch für die Mülltonnen vorgefertigte Müllcontainer verwenden. Hier sollte jedoch der Zugang dazu nicht vom Zuweg aus ersichtlich sein.

Gartentore werden auch nach den Himmelsrichtungen in der Farbe und Form betrachtet. Im Westen, wie hier, ist es weiß mit der entsprechenden Symbolik. Näheres erfahren Sie aus dem Buch „Qi-Gardens" – www.silberschnur.de.

Achten Sie darauf, dass auch Ihr Gartentor eine aufstrebende oder nach oben hin abgerundete Form hat und nicht wie in manchen Fällen wie ein Schmollmund nach unten weist. Vermeiden Sie Gartentore mit Spitzen! Ich sah bei einer meiner Beratungen Blut an einem solchen Gartenzaun. Die Bewohnerin erzählte, dass sich ihr Hund hier sprichwörtlich aufgespießt hätte! Sind die Zäune allerdings so hoch, dass dies nicht möglich ist, so erreichen Sie einen Abwehrstatus und geben Ihr erhöhtes Sicherheits- und Schutzbedürfnis damit kund.

Ein langer, gewundener Weg bis zum Haus bedeutet „Langlebigkeit“, weil die Windungen dem chinesischen Schriftzeichen des langen Lebens ähneln. Er sollte nicht zu schmal im Verhältnis zur Eingangstür gewählt werden.

Grundsätzlich sollten Sie bergauf zu Ihrem Grundstück gehen und nicht bergab. Wenn dies nicht anders möglich ist, so sollten die letzten Stufen zum Haus sich wieder nach oben bewegen. Ein Springbrunnen mittig vor dem Haus, wenn genügend Platz hierfür vorhanden ist oder sogar eine Auffahrt sind äußerst günstige Anzeichen dafür, dass die Bewohner wohlhabend sein werden. Denn Wasser wird mit dem Geldfluss in Verbindung gebracht.
Die Haustür selbst stellt den Mund des Hauses dar und ist Ihre Visitenkarte.

Ein Überdach hält nicht nur Schnee und Regen fern, es hält auch das Chi am Eingang. Allerdings sollten Sie nicht unter einem mit Erde und Pflanzen begrünten Dach hindurchgehen, da dies bedeuten würde, dass Sie symbolisch „unter die Erde“ gehen und der Eingang statt einem aufbauenden Yang-Charakter einen Yin-Charakter erhalten würde. Die Symbolik unter die Erde zu gehen entspricht auch der Symbolik des Grabes.

Liegt das Haus dicht an der Straße, so bilden Sie einen Vorplatz, wie oben im Bild zu sehen und schaffen somit einen Chi-Sammelplatz, einen „Min Tang“.

Messer über dem Eingang

Achten Sie darauf keine „Messer", wie hier in der Abbildung, mit einem Überdach zu erzeugen und stellen Sie die Mülltonnen in jedem Fall aus dem Sichtfeld des Einganges. Sichtbare Mülltonen sind im Eingangsbereich grundsätzlich tabu. Treppenstufen bremsen das Yang-Chi der Straße ab. Sie begeben sich mit dem Treppenpodest auf eine andere Stufe des Chi. Abgerundete Treppenstufen lassen sich nicht nur besser gehen und sicherer, auch eine ungerade Anzahl von Stufen trägt zum Sicherheitsaspekt bei. Eine ungerade Anzahl von Stufen ist Yang und damit auch äußerst günstig für den Yangbereich der Treppenstufen.
Gehen Sie sicher, dass die Tür nicht in gerader Linie einem Baum oder Laternenmast gegenüber steht und auch nicht einer Stützsäule des Hauses.

Türen sollten leichtgängig sein und eindeutig einsehbar. Wenn ein Fremder den Eingang nicht finden sollte, so findet auch das Chi nicht seinen Weg. Deshalb beleuchten Sie ihn gut. Am besten auch mit Einbaustrahlern von der Decke.

Der Briefkasten kann an der Haustür selbst oder natürlich auch an der Straße sein. Die rechte Seite ist die Yangseite und verheißt eine gute Position für den Briefkasten. Er sollte in der Farbe zur Himmelsrichtung der Fassade passen:

Osten und Südosten	Grün
Nordwesten und Westen	Weiß
Südwesten, Nordosten und Süden	Rot
Norden	Blau oder Weiß

Allerdings:
Die Hausnummer muss deutlich zu lesen sein. Achten Sie darauf, wenn Sie diese versetzt anbringen, dass die Zahlen aufsteigend und nicht absteigend montiert werden. Absteigende Aktienkurse sind bekanntlich auch nicht günstig.

Es ist entscheidend, dass man die Klingel nicht mit dem Lichtschalter verwechselt und der Name eindeutig lesbar ist.

Vermeide:
Hindernisse, defekte Gegenstände, schwergängige, quietschende und beschädigte Türen

Türen sollten sich in einem positiven Omenbereich des Hauses befinden. Die Ming-Kwa-Richtung des Hauptverdieners spielt daneben die nächste bedeutende Rolle. Wenn Sie ein Mensch der Westgruppe sind, liegt Ihre Tür im Westen. Südwesten, Nordosten oder Nordwesten. Natürlich wird sich die Tür nach innen öffnen, um dem Chi Einlass zu gewähren. Wohin schauen Sie dann, wenn Sie die Tür öffnen? Die Planung sollte vorsehen, dass Sie idealerweise in einen geräumigen Flur schauen und von dort in den Wohnbereich. Auch die Zimmertüren folgen dem Prinzip, dass Sie in die Weite des Raumes schauen sollten. Ganz und gar offene Wohnbereiche ohne Türen haben ein überhöhtes Maß an Dynamik, das bis zur Unruhe und zu einer möglicherweise instabilen und hektischen Lebensweise führen kann. Wer seine Haustür entsprechend der Himmelsrichtung, in der sie liegt, in der Farbe und Form, also im Design anpasst, schafft optimale Voraussetzungen für eine dynamische Lebensführung in Harmonie und Wohlbefinden.

Halten Sie Türen und Durchgänge offen und frei von Hindernissen. Denn so kann das Chi frei und ungehindert durch all Ihre Räume fließen. Lassen Sie die Türen in eine freie Richtung aufgehen, nicht gegen eine Wand oder mit Sicht in einen schmaler werdenden Bereich. Die Eingangstür sollte keine Verglasung rechts und links haben, zumindest keine durchsichtige, damit die Bewohner den Schutz spüren, wenn sie die Tür hinter sich schließen.

Wer auf die Eingangstür des Nachbarn schaut, wird im Streitfall nicht mehr gern aus der Tür gehen oder auch nicht gern nach Hause kommen. Warum erwähne ich den potentiellen Streit? Weil diese Lage der sich gegenüberliegenden Türen auch bedeutet, dass Stress entsteht. Stress allein schon, wenn Sie den Nachbarn sehen, auch wenn Sie ihn mögen. Apropos Nachbarn: Sorgen Sie natürlich von vornherein dafür, dass Sie sich in der Umgebung vorstellen, wo Sie wohnen werden. Dies kann ein kleiner Brief sein, auch mit einem Bild der Familie, in dem Sie sich im Vorfeld des Baubeginns schon für die Beeinträchtigungen durch den kommenden Baulärm entschuldigen und eine Telefonnummer angeben, für die Kontaktaufnahme zu Ihnen. Dies sorgt im Vorfeld für eine gute Nachbarschaft. Laden Sie zum Einzugsfest die unmittelbar anliegenden Nachbarn ein, damit sie sich ein Bild von Ihnen machen können. Auch dies sorgt für ein gutes nachbarschaftliches Verhältnis.

Schaut man zuerst in die Küche, so wird der Appetit angeregt, könnte aber zu Gewichtsproblemen führen.

Wer zuerst das Arbeitszimmer sieht, braucht sich nicht zu wundern, wenn der Gast Stressphänomene bekommt. Sie selbst werden so immer an das Arbeiten erinnert und haben das Gefühl, dass das Leben nur aus Arbeit besteht.

Schaut man zuerst in die Richtung des Kinderzimmers, so bestimmen möglicherweise die Kinder den Haushalt und fragen sich zu Recht, wo da Ihre Partnerschaft bleibt.

Planen Sie niemals ein Schlafzimmer in Blickrichtung der Eingangstür. Dies würde entweder Ihr Schlafbedürfnis wecken oder Sie zu sehr mit dem Thema der Sexualität beschäftigen. Im Feng Shui-Sinne ist es notwendig, dass die Schlafräume so weit wie möglich von der Eingangstür entfernt sind, da der Eingang dem Yang – der aktiven Energie zugeordnet wird und das Schlafen dem Yin – der Erholung. Vermeiden Sie auch einen direkten Abgang zum Keller oder zu Abstellräumen in unmittelbarer Eingangsnähe. Den Bewohnern mangelt es unter diesen Umständen oft an Klarheit und Zielorientiertheit.

Wer hingegen seine Garderobe offensichtlich nicht gleich in die Hausplanung als großzügigen Wandschrank oder als Garderobenraum bedacht hat, wird möglicherweise einen chaotischen Anblick bieten: Jacken, Mäntel und Schuhe werden das Hauptbild beim Eintreten bestimmen. Schon erhält der Besucher den Eindruck, bei mitunter liebenswerten Chaoten zu Gast zu sein.

Wenn der Blick zuerst auf eine Treppe in gerader Linie der Tür fällt, dann bedeutet dies den Verlust von Geld. Neben dieser offensichtlich nicht immer leicht zu verstehenden Feng Shui-Annahme bildet doch dieser Anblick eine besondere Unruhe und weist auf anstrengendes Auf und Ab im Leben der Bewohner hin.

Fassen wir zusammen:
Was Sie sehen, wenn Sie die Eingangstür öffnen, sollte bestenfalls das Wohnzimmer sein. Grundsätzlich gilt, dass der Raum oder Lebensbereich, der gegenüber der Tür liegt, die größte Aufmerksamkeit erhält. Sollte das die Gästetoilettentür sein, so werden die Bewohner Probleme mit der Verdauung bekommen. Ist dies die Küche, so wird man in erster Linie an das Essen denken, wenn man nach Hause kommt. Ist es das Büro, so wird man immer nur an das Arbeiten denken und wäre es das Schlafzimmer, so ist man schon müde, wenn man das Haus betritt. Planen Sie deshalb die Eingangstür in einen offenen Flurbereich und von dort mit dem Blick zum Wohnzimmer.

ART UND FARBE DER TÜR NACH DEN HIMMELSRICHTUNGEN

Süden
rote Türen oder ein dunkles Schwarzgrün.
Vertikale Betonung

Südwesten
rote oder braune Holztüren. Kastenoptik oder horizontale Linienbetonung

Westen
weiße Türen und runde Türknaufe aus Metall. Runde Betonungen durch Rundfenster horizontal betont

Nordwesten
weiße Türen und runde Türknaufe aus Metall. Runde Betonungen durch Rundfenster horizontal betont

Norden
blaue oder weiße Türen, auch Naturholztüren.
Wellenförmige Betonungen

Nordosten
rote Türen oder ein dunkles Schwarzgrün.
Vertikale Betonung

Osten
grüne oder blaue Türen mit langen, senkrecht betonten Griffen. Vertikale Betonung

Südosten
grüne oder blaue Türen mit langen, senkrecht betonten Griffen. Vertikale Betonung

Türen, die sich wie bei der Doppelhaushälfte nebeneinander befinden können, sollten nicht in disharmonischem Farbzyklus gestrichen werden. Ist die eine Tür Rot und die andere Blau, kann es zu nachbarschaftlichen Problemen kommen.

TÜREN UND HARMONIKALE MASSE

Beachten Sie das lichte Maß der Eingangstür, das in jedem Fall zwei gute Feng Shui-Maße, jeweils in Höhe und Breite, aufweisen sollte. Hier einige Spannbreiten, innerhalb derer sich die Türhöhe und -breite sowie das lichte Türmaß befinden sollten.

Auch mit einer Standardtür ist dies zu erreichen, da mit einem zusätzlichen Brett in der Höhe oder am Türanschlag das lichte Maß der Tür verändert werden kann. Auch durch eine Türschwelle ist das lichte Maß zu beeinflussen.
Ist ein Maß günstig und verheißt „Reichtum“, das zweite Maß in der Länge oder Breite aber ungünstig und verheißt „Trennung“, so liest man die Bedeutung hintereinander: „Trennung von Reichtum oder reichliche Trennung“! Deshalb sollte es so sein, dass beide Maße eine positive Bedeutung haben.

In China, auf dem Land, gibt es hohe hölzerne Türschwellen, die das Yang-Chi stoppen, bevor es in das Innere des Hauses geht. Zusätzlich ist dies eine Variante, um eventuelles Wasser vor dem Eintritt in das Innere des Hauses zu hindern und Kleintiere, die diese Schwelle nicht so leicht überwinden können. Nicht, dass Sie diesem Beispiel folgen müssen!

Die günstigen Maße auf einen Blick

Kapital:	**Gutes Gelingen:**
80,56 cm bis 85,92 cm	102,04 cm bis 107,40 cm
123,52 cm bis 128,88 cm	145,00 cm bis 150,36 cm
166,48 cm bis 171,84 cm	187,96 cm bis 193,32 cm
209,44 cm bis 214,80 cm	230,92 cm bis 236,28 cm
Reichtum:	**Kraft:**
85,93 cm bis 91,29 cm	107,41 cm bis 112,77 cm
128,89 cm bis 134,25 cm	150,37 cm bis 155,73 cm
171,85 cm bis 177,21 cm	193,33 cm bis 198,69 cm
214,81 cm bis 220,17 cm	236,29 cm bis 241,65 cm

Die ungünstigen Maße auf einen Blick

Verletzung:	**Trennung:**
75,19 cm bis 80,55 cm	96,67 cm bis 102,03 cm
118,15 cm bis 123,51 cm	139,63 cm bis 144,99 cm
161,11 cm bis 166,47 cm	182,59 cm bis 187,95 cm
204,07 cm bis 209,43 cm	225,55 cm bis 230,91 cm
Krankheit:	**Verlust:**
91,30 cm bis 96,66 cm	112,78 cm bis 118,14 cm
134,26 cm bis 139,62 cm	155,74 cm bis 161,10 cm
177,22 cm bis 182,58 cm	198,70 cm bis 204,06 cm
220,18 cm bis 225,54 cm	

POSITIONEN VON VORDER- UND HINTERTÜREN

Die beste Position der Eingangstür wird gewählt nach Ming-Kwa, Fliegenden Sternen, Omen und Umgebungsfaktoren. Wenn Sie auch nicht wie ein Feng Shui-Meister alle Punkte berücksichtigen, so sind davon zwei für Sie entscheidend:

Legen Sie die Tür in die Richtung einer Ihrer günstigen Ming-Kwa-Zahl-Richtungen und stellen Sie sicher, dass sich hier ein positiver Omenbereich befindet.

Nachdem die beste Türposition gewählt ist, muss man sich vergewissern, dass sich außerhalb keine Blockaden, wie Laternen, Hochspannungsmasten oder der Dachfirst eines Gebäudes, vor der gewählten Tür befinden.

Hintertüren sollten idealerweise diagonal zur Vordertür angeordnet sein. In Wohnungen, in denen keine Hintertüren eingebaut werden können, sollte das Bild einer Hintertür so an der Wand befestigt werden als wäre dort eine echte Tür.

Achten Sie zur Leitung von kosmischer Energie auf den Türanschlag! (Türen sollten sich zum Raum hin öffnen, d.h. der Anschlag geht zur Wand hin. Schlagen zwei Türen gegeneinander auf, so kann Streit verursacht werden.)

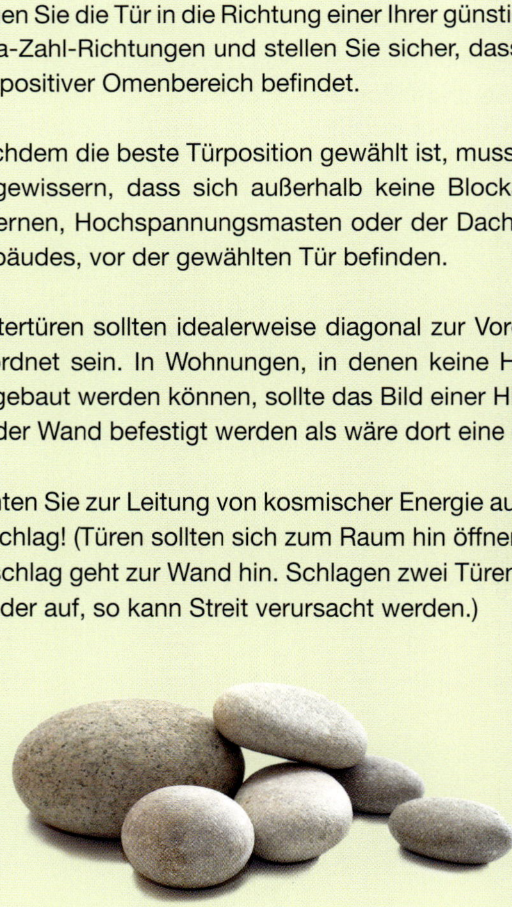

Negative Auswirkungen:

Eingangstür und Hintertür stehen in einer Linie oder Eingangstür und Fenster sind sich genau gegenüberstehend:

- Chi „verschwindet“ durch die Hintertür.
- Die Bewohner haben nicht genügend Chi.
- Es treten möglicherweise Gesundheitsprobleme auf.
- Die Bewohner machen Fehler und zeigen mangelhafte Leistungen.

Am Eingang (wenn Sie mit dem Blick zum Haus stehen) sollten Sie an Wasser denken, da dies rechts des Einganges, auf der Yang- oder Drachenseite der Tür, das Yang verstärkt und damit Ihre Möglichkeiten, Ihre Ziele zu verwirklichen. Die Pflanzen sind auf der rechten Seite in der Regel höher als auf der linken, der Yin-Seite.

Glück in das Haus tragen

Nehmen Sie die Doppelachten, die Sie über unser Institut erhalten können, in einem Bauchabstand von 2,5 cm und hängen Sie diese über die Tür. 3 Achten über der Tür sind ebenso günstig.

SÄULEN AM EINGANG UND ALS TRAGENDE ELEMENTE DES BALKONS

Säulen sind harmonisch, wenn sie einen Sockel und ein Kapitel haben. Eine einfache Stützsäule ohne diese Elemente ist aus Feng Shui-Sicht nicht harmonisch. Die Säule stellt das Element Holz dar und wie das Holz sollte sie ein festes Fundament und auch eine Krone (Baumkrone) tragen. Klassische Säulen sind in unterschiedlichen Höhen und Formen in glatt oder gerillt, mit dorischen, ionischen oder korinthischen Kapitellen als ganze Säulen oder auch aufgetrennt als Halbsäulen erhältlich. Säulen dienen als Schalung bzw. Verzierung für tragende Elemente. Sie werden hohl angeliefert und vor Ort mit Beton gefüllt. Ideal sind sie für stilvolle Hauseingänge, zum Tragen von Überdachungen, zum Verkleiden von bestehenden Trägern oder einfach als Dekoration.

Wenn Sie einen Eingang in der Himmelsrichtungen Süden, Südosten oder Osten haben sollten, so eignen sich Säulen für das Vordach rechts und links des Einganges, um die Energie und Kraft des Elementes „Holz“ zu repräsentieren.

DIE ZIMMERTÜREN

Zimmertüren sollten sich grundsätzlich nicht in direkter Linie gegenüber befinden und auch nicht unterschiedlich gegenüber versetzt sein. Idealerweise öffnen sich die Türen nach innen und ermöglichen so dem Chi leichter in das Innere zu gelangen. Achten Sie darauf, dass sich gegenüber einer Tür kein Fenster befindet, sonst würde das Chi zu schnell den Raum verlassen. Nicht immer lässt sich dies vermeiden, aber wo es möglich ist, sollten Sie darauf achten. Am besten gelingt dies, wenn man eine Anordnung der Türen über einen Winkel von fünfundvierzig Grad schafft. Sehen Sie von der Tür immer in den größeren Raumteil und lassen Sie mindestens 60 Zentimeter Platz hinter der Tür, damit Sie später eine Schrankwand oder auch ein Regal stellen können. Türen sind günstig, denn sie leiten das Chi. Umso mehr Türen Sie in einem Raum haben, umso ruheloser wird das Ambiente. Im Feng Shui-Design können Sie auch Zimmertüren anfertigen lassen, zum Beispiel von der Schreinerei Bechteler (www.bechteler.de).

Achten Sie auch auf die Griffe der Türen, die sich angenehm und nicht scharfkantig anfühlen dürfen und das Ende des Griffes sollte darüber hinaus einen Aufwärtstrend haben. Gerundete Griffe sind aus Feng Shui-Sicht am besten. Versetzen Sie die Türen so, dass sie sich entweder gegenüber liegen oder am besten so, dass jede Tür, wenn man sie in den Flurbereich verlässt, gegen eine Wand schaut und nicht halb versetzt in eine gegenüberliegende Tür.

Zimmertüren können auch achteckig im Rahmen gestaltet werden und Glaseinsätze enthalten.

Glaseinsätze bringen Licht, Farbelemente und Energie!

Durchgänge

Gestalten Sie Durchgänge, wie hier in der Abbildung zu sehen, um ein angenehmes Raumklima mit diesen Formen zu unterstützen (www.fengshuimoogk.de).

DER ENERGIESPOT-PUNKT

Der Energiespot-Punkt befindet sich immer schräg gegenüber der Tür in einem Raum. Ausnahme: Schiebetür.

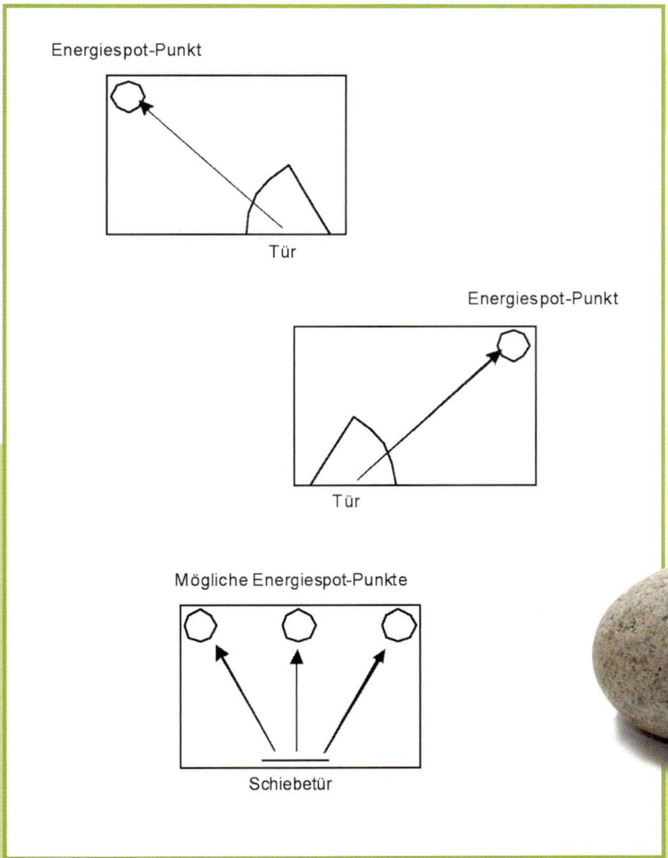

Gegenüber dem Energiespot-Punkt sollte sich eine Wand befinden. Ist dies nicht möglich, so werden im Fensterbereich später hier Pflanzen stehen können, eine Lampe, ein Sofa oder eine kleine Tischgruppe. Im asiatischen Feng Shui stellt man auch einen Paravent auf, um eine Ecke zu erzeugen. Denn, was sich im Energiespot-Punkt befindet, sollte aufbauenden Charakter haben und die Energie im Raum halten.

DIE FENSTER

Innen wie außen sind Fenster die wichtigsten Grundelemente in Haus und Hof. Sie sind nicht nur die Pforte zur Außenwelt, sondern auch praktischer Bestandteil im Konzept Leben und Wohnen. Sie können Häuser interessant und lebhaft, aber auch langweilig und traurig aussehen lassen.

„Fenster sind die Augen des Hauses“

In erster Linie macht sich der Mensch ihre Vorteile zunutze. Sie müssen vor Wind und Wetter schützen, bau- und klimatechnischen Gegebenheiten entsprechen und stets ein gutes Bild abgeben.

In zweiter Linie sind Fenster architektonische Gestaltungselemente in Wand und Fassade, die dem Stil des Hauses zusätzlichen Glanz verleihen sollen. Um diese Anforderungen zu erfüllen, wurden über die Jahre hinweg verschiedene Fenster-Systeme mit unzähligen Designs und Profilen entwickelt. Fensterformen und unterschiedliche Rahmenwerkstoffe, Zierelemente und diverse Farbkombinationen lassen keine Wünsche in der persönlichen Gestaltung des Hauses unerreicht.

GÜNSTIGE FENSTERFORMEN

Die Fenster sind die Augen des Hauskörpers. Sie sollten in Richtungen schauen, von denen aus der Blick des Hauses günstig ist und Sonnenlicht einströmen kann. Vermeiden Sie die Form eines christlichen Kreuzes bei Fenstern, da dies messtechnisch dazu führt, dass Ihre eigene Körperenergie beim Anblick schwach wird. Dies können Sie selbst auch mit einem kinesiologischen Test nachprüfen, dem Arm-Muskeltest. Heben Sie Ihren starken Arm seitlich im Winkel von 90 Grad vom Körper und schauen Sie auf ein ungleichschenkliges Fensterkreuz. Bitten Sie eine zweite Person auf Ihren Arm zu drücken und bleiben Sie bemüht diesen oben zu halten. Das Resultat: Sie können den Arm nicht oben halten. Ihr Muskel wird schwach! Beachten Sie bei den Fenstern die Feng Shui-Maße. Es geht hier um das lichte Maß der Fenster.

DIE VERSCHIEDENEN FENSTERARTEN

Einfachfenster

Das Einfachfenster ist die gebräuchlichste Fensterbauweise, die aus einem einteiligen Flügel besteht. Energiesparende Verglasungsarten sind:
Zweischeiben-Wärmeschutz-Isolierverglasung
Dreischeiben-Wärmeschutz-Isolierverglasung

Verbundfenster

Der Flügelrahmen besteht aus je einem miteinander verbundenen Außen- und Innenflügel, die in der Regel mit Einfachverglasung ausgestattet sind. Bei einem Scheibenabstand von 40 bis 70 mm wird ein gegenüber herkömmlicher Isolierverglasung leicht verbesserter Dämmwert erzielt. Energiesparende Verglasungsarten sind:
ein inneres Fensterglas und ein äußeres Wärmeschutz-Isolierglas (oder umgekehrt bei denkmalgeschützten Gebäuden).

Kastenfenster

Sie bestehen aus zwei getrennten Flügeln mit mind. 10-15 cm Abstand, die durch das umlaufende Futter verbunden und meist mit Einscheibenverglasung ausgestattet sind. Die Flügel müssen nacheinander geöffnet werden. Mit dieser Konstruktionsart können gute Wärmedämmwerte erreicht werden. Kasten- und Verbundfenster eignen sich hervorragend für die Erhaltung historischer Fassaden, weil der Einbau originalmaßstäblicher Sprossen möglich ist.

Dachfenster

Im Feng Shui, fließt ein ständiger Strom von Energie, das Chi, über die Erde und durch die Häuser. Vor allem Schlafzimmer und andere Ruheräume sollten laut Feng Shui im oberen Hausteil untergebracht werden. Hier gilt es besonders, Dachfenster sinnvoll anzuordnen: Direkt gegenüberliegende Fenster sind ungünstig, strömt so doch das Chi auf der eine Seite herein und ohne Zwischenstopp, ganz schnell, auf der anderen Seite wieder heraus. Weil wir diese Energie jedoch benötigen, sollte sie im Raum gehalten werden und sich gleichmäßig verteilen können. Müssen die Dachfenster konstruktionsbedingt einander gegenüber liegend platziert werden, so können ein Mobile in der Raummitte, Chi-Lines oder Kristalle vor den Fenstern das Durchströmen des Chis verhindern (siehe Seite 94).

SCHUTZ VOR ZU VIEL YANG-ENERGIE – DER SONNE

NATÜRLICHER SONNENSCHUTZ

Pflanzenblätter, Laub- und Nadelbäume können eine wunderbare Form von natürlichem Sonnenschutz sein. Vor dem Fenster stehend oder hängend bieten sie, mild rauschend, die wohl angenehmste Form von Verschattung an heißen Sonnentagen. Im Winter jedoch sind immergrüne Tannen direkt vor dem Fenster eher ein Nachteil, da sie die Innenräume zu sehr verdunkeln. Sie nehmen den Bewohnern Energie. Dies ist dann besonders der Fall, wenn Sie schon an trüben Nachmittagen das Licht anschalten müssen.
Wer einen kühlen Kopf bewahren möchte, kann auch die Fassade begrünen. Dies ist möglich mit Efeu, Knöterich und Wein bis zu anspruchsvolleren Vertikalgärten, z.B. mittels Spalieren und Rankgittern für Luftwurzler und Kletterpflanzen. Die Vorteile des natürlichen Sonnenschutzes liegen auf der Hand: sie kosten wenig und bieten auch vor der größten Hitze einen guten Puffer.

TEXTILER SONNENSCHUTZ

Wer sich für Rollos, Faltstore und Vorhänge interessiert, kann den Lichteinfall gut regulieren. Nachteil ist, dass dennoch das Fensterglas von der Sonne getroffen wird und die Wärme in den Raum abgeleitet wird.

Deshalb sollten Sie an die zweite Variante des textilen Sonnenschutzes für Außen denken: Markisen, Sonnensegel und Sonnenschirme bieten weitere Möglichkeiten.
Bei meinen Recherchen ist mir aufgefallen, dass das Screen-Gewebe in der Rollo- und Plissee-Kollektion nicht mehr wegzudenken ist.

Screen-Gewebe hat sich wohl als ein besonders reißfestes und PVC-beschichtetes Textilgewebe für den Sonnenschutz bewährt. Das Screen-Gewebe soll sich besonders hervorragend für wetterfeste Sonnenschutz-Außenanlagen eignen. Trotz der vollen Transparenz können diese Screen-Gewebe bis zu 96% der Sonnenenergie abweisen. Es gibt derzeit zwei Arten von Screengeweben auf dem Markt: das Glasfaser-PVC-Screen-Gewebe und die Polyester-Screens.
Achten Sie in jedem Fall darauf, dass die Stoffe, die Sie draußen verwenden, reißfest, lichtecht und wasserabweisend sind.

Sonnensegel
Sonnensegel eignen sich für die flexible Überdachung von Terrassen, Innenhöfen oder anderen Freiflächen. Die zu beschattende Fläche hängt dabei von der Segelfläche ab.

Die Vorteile eines Sonnensegels im Allgemeinen liegen in
- seiner hohen Festigkeit,
- in der Möglichkeit große Spannweiten zu erreichen,
- in seiner vergleichsweise flexiblen und kostengünstigen Anschaffung und Montage.

Es gibt auch automatische Sonnensegel auf dem Markt, die einen Windwächter haben und auch über einen Handschalter, Sonnenautomatik oder Funksender gesteuert werden können.

Markisen
Gängige Markisenarten sind z.B.:
Fallarmmarkisen, Fassadenmarkisen, Hülsenmarkisen, Kassettenmarkisen und Korbmarkisen.

In Frankreich sind die Markisen auch als Korbmarkisen sehr beliebt. Achten Sie auch hier auf eine harmonische Farbabstimmung der Elemente. Rote Korbmarkisen vor gelben Wänden oder blaue zu einer weißen Fassade sind genau richtig.

FENSTERLÄDEN

Ursprünglich wurden klappbare Fensterläden aus Holz hergestellt, um die Innenräume vor Wind und Wetter zu schützen. Heute werden sie auch als Dekoläden verwendet, um dem Haus ein schönes und harmonisches Aussehen zu verleihen. Da sie individuell regulierbar sind, werden sie neben dem ästhetischen Ansatz auch als Wetter-, Sicht- oder Sonnenschutz verwendet.

Fensterläden werden meist vor die Fassade montiert. Sie sind als Klapp-, Schiebe- oder Faltschiebeläden erhältlich. Ihr Vorteil liegt in der individuellen Veränderbarkeit.

Nach der Art der Ausführung wird in der Regel zwischen Jalousie-, Kassetten- und Bretterläden unterschieden. Sollen Wärmeverluste verhindert werden, können Fensterläden auch als Dämmläden ausgebildet werden. Hoch wärmegedämmt sorgen sie dafür, dass in der Nacht keine Wärme entweicht und somit auch keine nächtliche Auskühlung stattfindet.

Wählen Sie die Klappläden passend in der Farbe zum Haus und denken Sie dabei an den Zyklus der Elemente! Ein gelbes Haus braucht rote Klappläden, da sich die Elemente Feuer (Rot) und Erde (Gelb) harmonisch ergänzen. Ist Ihr Haus Weiß, so sind es die blauen Klappläden die hier hervorragend passen, da sich die Farbe Blau (Element Wasser) und die weiße Farbe der Hauswände (Element Metall) wohltuend ergänzen.

Ein rosa farbenes Haus stellt das Element Feuer dar und rote Klappläden des Elementes Feuer passen hier auch hervorragend ins Bild.

ROLLLÄDEN

Dieser „Rollpanzer“ genannte Abschluss nach außen ist aufrollbar und wird in seitlichen Schienen geführt. Es gibt Rechtsroller und Linksroller. Sehen Sie selbst, wie Sie am besten an den zukünftigen Rollladengurt gelangen, falls Sie keine Automatik vorgesehen haben sollten. Er muss im Sinne des Chiflusses gut erreichbar sein, ohne dass Sie sich, über einem Sofa lehnend, verrenken müssten.
Anders als innenliegende Sonnenschutzsysteme für Dachfenster, wie z.B. Rollos oder Faltstore, schützt ein Dachfensterrollladen auch die Verglasung und bietet neben Sonnen- und Wärme- auch Lärm- und Einbruchschutz.
Die meisten Dachfensterrollläden sind nachrüstbar, weshalb auch ältere Fenster damit ausgestattet werden können. Besser ist es natürlich, wenn Sie von vornherein bei den Bauplänen an diese Möglichkeit denken. Inzwischen werden auch Dachfensterrollläden angeboten, deren Lamellen eine Jalousiefunktion haben und den Tageslichteinfall regulieren. Wer auf einen Einbruchschutz wert legt, sollte Rollladenpanzer aus Aluminium, Holz oder Stahl bevorzugen, wobei auch die Führungsschienen aus Aluminium oder Stahl bestehen sollten. Außerdem muss der Rollladenpanzer gegen Hochschieben gesichert sein.

Die Erhöhung der Luftschalldämmung von Rollläden ist abhängig von dem Rollpanzergewicht, den Dichtungen in den Führungsschienen, der Randdämpfung zwischen Führungsschienen und Fensterrahmen und vielen anderen Faktoren, die Sie bei dem zuständigem Rollladenhersteller oder Ihrem Architekten erfragen können.

DEN CHIFLUSS BALANCIEREN

Mit Hilfe von Chi-Lines, das sind bemalte Stoffe, die für die jeweilige Himmelsrichtung angefertigt werden, können Sie Blicke abschirmen und Energie gleichzeitig in den Raum bringen. Sie werden farblich dem Raum angepasst und fügen sich als harmonische Stilelemente wunderbar ein. Insbesondere auch wenn die Sonne mit den Farben spielt.

DIE ANLAGE
DER TREPPEN

Die Treppe ist ein Abbild der persönlichen Entwicklung. Eine breite, einladende Treppe bietet dem Menschen breit gefächerte Möglichkeiten in seiner Entwicklung. Weder Stolperstufen noch zu steile, zu wenig tiefe oder unregelmäßige Stufen sind für ein gutes Feng Shui dienlich. Legen Sie die Treppe nicht ins Tai Chi und möglichst im rechten Winkel zur Eingangstür. Die Treppe im Haus geht in den Keller wie in das Dachgeschoß und verbindet so das Fundamentale mit dem Geistigen. Die meisten Menschen meiden das Dunkel des Kellers. Dabei würde ein Baum, der sich nur nach oben entwickelt und nicht fest verwurzelt ist, bei dem nächsten Sturm zu Fall kommen. Steigen Sie deshalb in alle Etagen, falls vorhanden, gleich gern und auch nach unten in den Keller. Der Keller sollte deshalb ein solches Ambiente haben, dass Sie auch gern dort hinuntergehen. Hier befindet sich unter anderem auch ein Vorratskeller, den Sie auch mit einem gestampftem Lehmboden versehen können.

Breite, mit Teppich belegte Innentreppen und breit ausladende, gerundete Außentreppen zeugen vom Wohlstand der Bewohner. Für Wohnhäuser gilt eine allgemeine Treppenhöhe von mindestens 17 oder besser noch 18 cm, für Bahnhöfe von 16 cm und für Schulen von 14 cm, währenddessen die Römer 28 cm hohe Stufen hatten. Der Auftritt beträgt 30 cm. Die Stufenanzahl sollte ungerade sein. Man sagt nicht umsonst: „Eins, zwei, drei...", Feng Shui ist im Sprachgebrauch fest verwurzelt. Meint man einen schnellen Erfolgsaufstieg, so sagt man z.B., dass derjenige die „Treppe hinauf gefallen" sei. Beamte klettern Stufe für Stufe zum nächsthöheren Dienstgrad hinauf. Übrigens kommt das Wort Dienstgrad aus dem Lateinischen und heißt wieder Stufe! Das Leben selbst geht mal treppauf und mal treppab.

Legen Sie die Treppen außerhalb der Mitte des Hauses an, sonst wirken diese wie ein Korkenzieher, der die Gesundheit der Bewohner stört.

Geschlossene Stufen sorgen für ein gutes Feng Shui und dafür, dass Chi nicht wie Sand durch offene Treppenstufen das Haus verlässt. Sind sie zudem noch in direkter Linie zur Eingangstür gelegen, dann rollt das Geld förmlich aus dem Haus. So wie Chi gewundene Wege gehen sollte, so ist das auch mit der Anlage der Treppe. Eine schön geschwungene Treppe entspricht dem Idealbild des Feng Shui.

Am besten ist es, die Treppe seitlich vom Eingang so anzulegen, dass die Endstufen abgerundet sind und nicht in direkter Linie auf die Eingangstür zulaufen. Vermeiden Sie offene Treppenstufen, die nicht nur für Hunde und Katzen einen Graus darstellen, auch nicht nur putztechnisch dazu führen, dass sich der Schmutz unter der Treppe sammelt, sie lassen auch das Chi „hinunterpurzeln". Insbesondere sind Glastreppen nur in Sonderfällen einzusetzen, da sie das Gefühl der Unsicherheit extrem verstärken.

TREPPENGELÄNDER

Das Treppengeländer spielt auch eine wichtige Rolle. Ein runder Treppenknauf und geschwungene Anfangsstufen sind ein guter Feng Shui-Garant für eine harmonische Treppengestaltung. Der Knauf des Geländers sollte gerundet sein, als Kugel gestaltet oder, wie in alten Treppenhäusern anzutreffen, der Handlauf durchgehend geschwungen gearbeitet werden. Die Schreinerei Wagner aus Mindelheim fertigt zum Beispiel solche Geländer.

Beachten Sie auch, was Sie am letzten Ende der Treppe im Bereich des Kellergeschosses für einen Bereich schaffen. Die Chinesen sagen, dass, wenn man unter der Treppe einen offenen Abstellbereich hat, es dann zu Lernschwierigkeiten der Kinder führen kann, weshalb man entweder einen geschlossenen Raum unter der Treppe schafft, der in diesem Fall auch zum Abstellen genutzt werden kann oder später auch hier Licht vorsieht, einen Brunnen als Vernebler unter die Treppe stellt, wie wir ihn im Haus haben. Auch eine Pflanze mit Pflanzlichtstrahlern, die sich dann auch unter der Treppe im Kellerbereich prächtig entwickeln werden, kann das Problem lösen.

Am unteren Treppenabsatz, im Bereich des Kellers, schaut man in der Regel auf eine Wand. An diese kommt großflächig ein Spiegel, der das Chi wieder nach oben trägt und dies im unteren Bereich nicht versacken lässt.

Um Energie, Chi, nach oben zu lenken, besteht auch die Möglichkeit, dass man im Bereich Osten, dem Familienbereich, Bilder aufhängt. Die Entwicklung der Familie beginnt fotografisch im Kellergeschoss und endet irgendwann im

Dachgeschoss. Ist die Treppe an der Westwand, so befinden sich hier die Bilder in der Entwicklungsfolge der Kinder vom Babyalter bis zum Erwachsenenstatus.

Eine Treppe im Südosten, dem Bereich des Geldes, sollte hier die Farbe Grün erhalten, weil Grün Wachstum bedeutet. Sie können die Farbe im Kellergeschoss dunkler beginnen und dann nach oben hin heller erscheinen lassen. Bambusbilder, in aufsteigender Höhe angebracht, bringen die Energie des Wachstums ebenfalls in diesen Bereich.

DIE FARBEN DES TREPPENAUFGANGES IN DEN ENTSPRECHENDEN HIMMELSRICHTUNGEN

Treppenaufgang im **Bereich Westen:** Weiß und Gelb

Treppenaufgang im **Bereich Südwesten:** Gelb und Rot

Treppenaufgang im **Bereich Nordwesten:** Weiß und Gelb

Treppenaufgang im **Bereich Norden:** Blau und Weiß

Treppenaufgang im **Bereich Nordosten**: Gelb und Rot

Treppenaufgang im **Bereich Osten:** Grün und Blau

Treppenaufgang im **Bereich Südosten:** Grün und Blau

Treppenaufgang im **Bereich Süden:** Grün und Rot

Wenn Sie den Treppenaufgang nicht ganzflächig so streichen möchten, so empfiehlt es sich, Bilder in diesen Farben zu verwenden.

Berücksichtigen Sie bei der Gestaltung des im Haus liegenden Treppenaufganges auch die im Text schon angesprochene Beziehung zu den einzelnen Lebensbereichen.

Süden
Thema: Ruhm und Anerkennung – Urkunden

Südwesten
Thema: Partnerschaft – Paariges

Westen
Thema: Kinder und Zukunftsglück – Kinderbilder und Bilder von Orten oder Thematiken, was Sie noch alles erleben oder tun wollen

Nordwesten
Thema: Freunde und Männlichkeit – Bilder von Freunden oder Wandtattoo Sprüche, in denen es um Freundschaft geht

Norden
Thema: Karriere und Lebensenergie – Kalligraphien, Bilder des Wassers

Nordosten
Thema: Wissen und Weisheit – Bilder von Bergen, ohne Wasser oder Wissenssprüche

Osten
Thema: Familie und Gesundheit – Bilder von Bambus, Bachblütenheilbilder oder Familienbilder

Südosten
Thema: Reichtum – Bilder von Bambus und üppiger Vegetation, Wasserbilder

Treppen im Haus sollten grundsätzlich geschlossen sein. Auch ein Teppichbodenbelag ist günstig, weil er die Geräusche dämpft, erst recht, wenn Sie mehrere Kinder im Haus haben, und das Chi abbremst. Ein zusätzlicher Pluspunkt: Man kann nicht so leicht ausrutschen!

TREPPENFORMEN

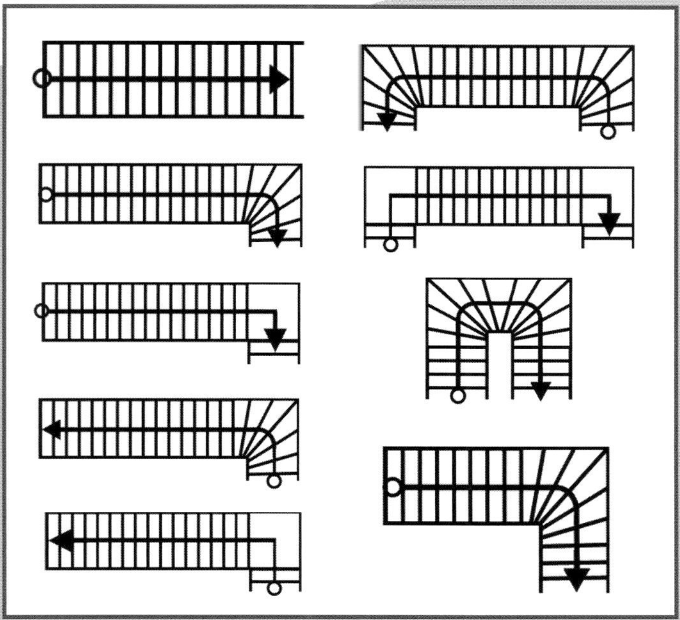

DIE HEIZUNG MIT ÖL, GAS ODER PELLETS

DIE PELLETSHEIZUNG

Eine Pelletsheizung verbrennt kleine Presslinge aus Holzspänen und Sägemehl. Mitunter gibt es auch Strohpellets. Wenn Sie dieser Heizung den Vorrang geben, so sollten Sie einen zusätzlichen großen Raum für deren Lagerung einplanen.

DIE ÖLHEIZUNG

Meist ist der Öltank im Haus untergebracht. Im Feng Shui stellt es ein Problem dar, wenn Sie über diesem schlafen. Vermeiden Sie dies bei Ihrer Planung von vornherein! Außerdem gibt es häufig Geruchsbelästigungen, die nicht für ein gesundes Raumklima sorgen. Können Sie darauf nicht verzichten, so sollten Sie für eine gute Be- und Entlüftung des Heizraumes sorgen und dafür sorgen, dass keine Gerüche in andere Räume vordringen können.

DIE GASHEIZUNG

Sie ist am unproblematischsten. Im Feng Shui wird auch das Kochen mit Gas bevorzugt, weil es energetisch gesünder ist.

Für eine optimale thermische Behaglichkeit müssen die Raumtemperaturen möglichst gleichmäßig und die Temperaturunterschiede zwischen Raumluft und Umschließungsflächen möglichst gering bleiben. Um dies für jede Jahreszeit zu erreichen, bedarf es einer guten Abstimmung von Wärmedämmung und Wärmespeicherung.

In der kalten Jahreszeit sorgt eine optimal eingestellte Heizung in Kombination mit einer guten Dämmung für ein gleichbleibendes Raumklima. Im Sommer hingegen bestehen starke Temperaturschwankungen zwischen Tag und Nacht.
Die Wärmespeicherung von Bauteilen ist die Eigenschaft, Wärmeenergie bei steigenden Temperaturen aufzunehmen und bei sinkenden Temperaturen wieder abzugeben. Wärmespeichernde Bauteile erhöhen die Behaglichkeit indem sie eine zu hohe Wärmebelastung im Raum vermeiden. Allerdings muss die Wirkung durch guten Sonnenschutz und eine entsprechende Lüftung unterstützt werden.

Sie können auch die Wärmeabstrahlung über die Wände wählen. Verzichten aber gänzlich auf Fußbodenheizungen, da der Akupunkturpunkt Niere unter der Fußsohle dies nicht nur als unangenehm empfindet, bis auf die Bäder, wo dies angebracht sein kann. Die Wärme steigt hier unnatürlich nach oben. Während in der Natur die Sonneneinwirkung von oben und nicht vom Boden kommt!

Aus baubiologischer Sicht sollte das Heizsystem in Wohnräumen möglichst naturnah sein. Die natürlichste Wärme ist die Strahlungswärme der Erde. Daher sollte ein System gewählt werden, das mit geringer Oberflächentemperatur viel Strahlungswärme erzeugt. Als Beispiele seien hier die Wandheizung, Heizleistenheizung oder auch der gute alte Kachelofen genannt.

Wichtig für Behaglichkeit ist der Austausch von Strahlungswärme mit der Umgebung. Dieser Wärmeaustausch hängt ausschließlich von den Oberflächentemperaturen des eigenen Körpers, der inneren Wandflächen sowie der Gegenstände im Raum ab. Von Vorteil ist bei diesen Heizungen, dass sie keinen Staub aufwirbeln und somit das Raumklima verbessern.

Reguläre Heizkörper strahlen keine Wärme ab sondern erwärmen die Luft. Dadurch steigt sie auf (Konvektion) und reißt den Staub mit, was auf Dauer der Gesundheit erheblich schaden kann.

DER OFFENE KAMIN

Der offene Kamin war die ursprüngliche Wärmequelle und wird heute als Zusatzheizung und zusätzlich zur Verschönerung, meist im Wohnzimmer, eingesetzt. Bringen Sie wegen des Chi-Flusses einen Spiegel oberhalb des Kamins an. Die Wärmeerzeugung erfolgt durch Verbrennen von gut abgelagertem, trockenem Scheitholz. Durch den offenen Kamin werden eine wohltuende Wärme und eine gemütlich-romantische Atmosphäre erzeugt. Zur Verbrennung des Holzes benötigt der offene Kamin genügend Sauerstoff, der besonders bei dichten Bauweisen durch raumluftunabhängige Zuluftschächte realisiert werden muss.

Für den Betrieb eines offenen Kamins sind entsprechende Brandschutzbestimmungen einzuhalten. Der offene Kamin sollte auf Grund seines schlechten Wirkungsgrades nur sparsam genutzt werden.

DER KAMINOFEN

Kaminöfen sind eine Weiterentwicklung des offenen Kamins und wurden erstmals 1970 in Dänemark gebaut. Die Kaminöfen haben eine verbesserte Feuerung und Wärmespeicherung und daher einen höheren Wirkungsgrad. Sie sind für den Dauerbetrieb geeignet, gut regelbar und meist nicht ortsfest gebunden. Im Gegensatz zum offenen Kamin haben Kaminöfen ein Sichtfenster aus feuerfestem Glas und sind in der Ausführung aus verschiedenen Materialien, wie z.B. Kacheln, Gusseisen usw. aufgebaut. Für den Betrieb gelten die gleichen Bedingungen wie beim offenen Kamin. Der Kaminofen ist eine sparsame, baubiologisch akzeptable und preiswerte Heizung.

DER KACHELOFEN

Nur mit trockenem, unbehandeltem Holz betrieben ist der Kachelofen eine der umweltfreundlichsten CO2-neutralen Heizungen. Er kann neben dem Holz auch mit Kohlebriketts geheizt werden. Gerade in der heutigen Zeit wachsender Sensibilisierung für baubiologische Aspekte gewinnt Strahlungswärme wieder an Bedeutung. Die Luftfeuchtigkeit im Raum liegt höher und die Raumtemperatur kann bei subjektiv gleichem Empfinden ein bis zwei Grad niedriger gehalten werden.

DER GRUNDOFEN

Beim Grundofen liegt das zu verbrennende Holz auf keinem Rost, sondern direkt auf der glühenden Asche, wodurch eine schadstoffärmere Verbrennung erreicht wird. Ein Grundofen, der mit Kacheln verkleidet wurde, wird auch Kachelgrundofen bezeichnet. Er wirbelt die Raumluft nicht auf und die Luftfeuchte soll fast unverändert erhalten bleiben. Die Formen- und Materialvielfalt erlauben eine künstlerischere Betätigung.
Ein Kachelgrundofen kann laut dem Kachelofenbauer Ziegler die Wärme bis zu 14 Stunden speichern!

Beide Ofensysteme können als Beispiel für eine biologisch ideale Heizung bezeichnet werden.

WANDHEIZUNG

Ähnlich wie bei der Fußbodenheizung werden hier die Heizungsrohre in der Wand verlegt. Für die Wandheizung ist aber eine gute Wärmedämmung der Außenwand oder eine Innenwand erforderlich. Hier gibt es verschiedene Systeme wie das Verputzen der verlegten Rohre sowie vormontierte Heizregister in Platten. Die Wandheizung vereint optimal alle Anforderungen an ein ideales Heizsystem.

Sie hat einen hohen Strahlungsanteil, die Wände haben eine hohe Oberflächentemperatur und werden trocken gehalten. Sehr angenehm ist sie auch im Rücken Ihres Sitzbereiches. Die Temperatur im Raum kann niedriger gehalten werden. Es entsteht keine Staubverwirbelung. Die energiesparende Wandheizung kann sehr gut mit Solaranlagen kombiniert und auch zur Kühlung genutzt werden.

Gerade auch in Bädern ist eine Kombination mit einer Fußbodenheizung und Sumpfkalkputz, Lehmputz oder Tadelakt empfehlenswert. Tadelakt wird aus einem natürlichen, hochhydraulischen Muschelkalk aus Marokko gewonnen. Durch die starke Verdichtung bei der Verarbeitung ergibt sich eine hohe Festigkeit und Wasserbeständigkeit der Beschichtung sowie ein Glanzeffekt.

FÜR SIE ALS TIPP

Sprechen Sie mit dem für Sie zuständigen Schornsteinfeger-Meister die Bedingungen ab, die für den Ofen erfüllt werden müssen, um Kosten und Nerven zu sparen und verlassen Sie sich dabei nicht darauf, dass der Kaminofenbauer dies schon getan haben wird! Bekannt ist beispielsweise, dass, wenn Sie einen offenen Küchen-Essbereich haben, Sie unbedingt einen Kaminofen mit geschlossener Glasscheibe benötigen.

VERMEIDUNG VON ELEKTROSMOG

Elektromagnetische Felder bestehen seit Jahrmillionen – allerdings aus natürlichen Quellen: In Form von Erdmagnetfeld, Elektrizität in der Luft, Radioaktivität, UV-Strahlen, Röntgenstrahlen der Sonne und vielen anderen. Trotz häufig kleinster Intensitäten haben sie erheblichen Einfluss auf alle biologischen Abläufe.

So wie technische Datenübertragung durch starke Frequenzen gestört werden kann, so können starke elektrische und elektromagnetische Felder auch beim Informationsfluss innerhalb des menschlichen Organismus „dazwischenfunken". Unsere hochtechnisierte Zeit bringt es mit sich, dass die Anzahl elektrischer Geräte und die Häufigkeit deren Nutzung rasant steigt. Dadurch werden die feinen natürlichen Felder von den stärkeren technischen Feldern zunehmend überlagert.

Zum Thema Elektrosmog möchte ich hier den Baubiologen Herrn Bäumler aus Weiden zu Wort kommen lassen:

„In Deutschland gelten zur Zeit Normen und Regeln, die auch im internationalen Vergleich den Ansprüchen auf einen ausreichenden gesundheitlichen Schutz für empfindliche Personen nicht gerecht werden. Im privaten Wohn- und Schlafbereich sollten die baubiologischen Richtwerte nach dem Standard der baubiologischen Messtechnik SBM-2008 eingehalten werden. Werte von 1-5 V/m erdbezogen, bzw. 0-1,5 V/m potentialfrei für das elektrische Wechselfeld und 20-100 nT für das magnetische Wechselfeld sollten nicht überschritten werden!"

FRAGEN WIR UNS NACHFOLGEND, WIE WIR DIES VERMEIDEN KÖNNEN

Entscheidend für die Reduzierung des häuslichen Elektrosmogs ist die Qualität der Elektroinstallation. Durch die Erdung von Elektrogeräten und die Installation von Netzfreischaltern, die das Stromnetz bei Nichtgebrauch vollständig ausschalten, lassen sich die Felder drastisch reduzieren. Zusätzlich können die Kabel und Wände mittels entsprechender Isolierungen bzw. leitfähiger Anstriche und Folien nachträglich abgeschirmt werden.

Äußere Faktoren wie die Sendemasten nehmen immer mehr überhand. Stimmen Sie auf keinen Fall zu, wenn man Ihnen ein Angebot unterbreitet auf Ihrem Dach einen solchen Sendemast zu installieren.

Nutzen Sie Abschirmmaterialien über die Dach- und Fassadenflächen, um niederfrequente wie hochfrequente Felder, die durch Stromleitungen und Mobilfunk entstehen, abzuschirmen. Hierzu empfehlen sich EPS-Platten. Hierzu gibt es im Baumarkt die entsprechenden Platten, wie z.B. „Fina X" von Isofam oder „Styrodur" von der BASF. Idealerweise verlegt man die EPS-Platten über dem Schlafzimmer, so dass dies ganz von oben abgedeckt ist. Sie können auch direkt unter dem Bett verlegt werden. Eine ausdrückliche Anwendung in der Horizontale wird empfohlen, um den größten Abschirmeffekt zu erhalten.

Halten Sie einen Mindestabstand von zwanzig Metern zu Trafohäusern und zu Hochspannungsleitungen einen Mindestabstand von 100 Metern und mehr!
Verwenden Sie Abschirmkabel für Ihre Stromverlegung!

Nutzen Sie Lampen mit Schukosteckern. Oder halten Sie einen Mindestabstand von anderthalb Metern zu ihnen ein, wenn Sie andere Lampen benutzen.

NETZFREISCHALTER SIND SEHR GÜNSTIG

Netzfreischalter unterbrechen die Stromversorgung. Mit dem Abschalten des letzten Verbrauchers trennt der Netzfreischalter den angeschlossenen Wohnbereich vom Netz. Solange kein Verbraucher eingeschaltet ist, bleibt der geschützte Stromkreis vom Netz abgeschaltet. Nullleiter und Erdung bleiben ständig angeschlossen.
Für Sie wichtig: Netzfreischalter gewährleisten, dass sich keine elektrischen Störfelder mehr aufbauen können!

In Wohn- und Arbeitsräumen ist es meist weniger sinnvoll, Netz- bzw. Feldfreischalter einzusetzen, da in der Regel elektrische Geräte wie z.B. der PC oder im Wohnbereich der Kühlschrank, ständig Strom brauchen. Geschirmte Mantelleitungen, Kabel, Steckdosen und Steckdosenleisten von beispielsweise der Firma Biologa sind hier die ideale Lösung.

ABSCHIRMFARBE UND ABSCHIRMFLIES

Direkt über die verlegten Leitungen werden auf die Wand großflächig entweder Abschirmfarbe oder Abschirmvlies aufgebracht. Sie können jedoch auch gleich beim Verlegen der Elektroinstallation Abschirmkabel- und Schalterdosen verwenden.

Verwenden Sie keine Radiowecker oder Mikrowelle (aus ihr kommt energetisch nicht mehr nutzbares Essen)!

DECT-Telefone sollten Sie, wenn Sie diese im Haushalt haben, unbedingt nachts ausschalten. Wählen Sie hierzu eine Zeitschaltuhr.

NATÜRLICHE MATERIALIEN

IN HOHER ENERGETISCHER QUALITÄT

Die Voraussetzung für gesundes Bauen ist, Baustoffe natürlichen Ursprungs aus der Umgebung zu verarbeiten, wenn dies im Bereich des Möglichen ist. Wir halten uns laut dem Statistischen Bundesamt Wiesbaden nur noch 20 Minuten wirklich außerhalb von Räumen auf. Deshalb ist es eine vordringliche Aufgabe, die Natur wieder in die Räume zu bringen. Das Spiel mit natürlichem Licht und das Erleben der Jahreszeiten und die Veränderungen, die sie mit sich bringen, sollte das Haus ermöglichen. Deshalb ist auch von vornherein mit der Hausplanung an die Gartenplanung zu denken.

In dem Buch „Qi-Gardens“ finden Sie hierzu zahlreiche Anregungen. Die Co-Autorin und Gartenarchitektin Barbara Sörries-Herrnkind hat in dem Buch zahlreiche Tipps und Pflanzenlisten für Sie zusammengestellt.

Wenn wir vom Bauen mit der Natur sprechen, so sind es die Holzhäuser, die diesen Anspruch natürlich hervorragend erfüllen. Aber auch, wenn Sie sich für ein konventionell gebautes Haus entscheiden, so sollte doch natürlichen Materialien der Vorrang gegeben werden.

Unter natürlichen Baustoffen versteht man mineralische oder nachwachsende Rohstoffe, die nahezu ohne Verwendung von künstlichen Zusätzen als Baumaterialien genutzt werden. Die wichtigsten natürlichen Rohstoffe sind Holz, Lehm, Kalk, Gestein, Naturgips und Pflanzenfasern.

Diese Baustoffe sind besonders hinsichtlich der CO2-Bilanz vorteilhaft, vorausgesetzt sie werden nicht über lange Transportwege herangeschafft. Anzustreben ist eine ortsnahe Gewinnung und Nutzung der regionalen Ressourcen. Eine unnötige chemische Behandlung der Naturmaterialien führt den ökologischen Nutzen ebenfalls ad absurdum. Darum sollte etwa Holz so in Bauteilen eingesetzt werden, dass eine chemische Imprägnierung überflüssig wird.

Mit Giftstoffen versetzte Baustoffe stellen eine langfristige Gefahr für die Gesundheit und Lebensqualität dar. Teilweise dünsten diese Stoffe über Jahre hinweg aus und können erhebliche Schäden verursachen. Hinweise auf solche Substanzen sind dauerhafte, merkwürdig chemische Gerüche.

Häufige Schadstoffquellen sind Farben, Lacke, Bodenbeläge und Möbel. Bei deren Verarbeitung werden oft Lösemittel, Weichmacher oder Formaldehyd verwendet. Jeder Mensch reagiert unterschiedlich auf derartige Wohngifte: Reizungen der Schleimhäute, Kopfschmerzen, Schwindel, ständige Müdigkeit und Konzentrationsschwierigkeiten.

Diffusionsfähige und offenporige Baustoffe wie Holz wirken nicht nur ausgleichend auf die Raumluftfeuchte, sie können auch in gewissem Maß Gerüche und Giftstoffe absorbieren. Das ist für ein gesundes Raumklima von großer Bedeutung. So ist es nicht verwunderlich, dass die Atmosphäre in Häusern aus solchen Baustoffen oft als deutlich angenehmer empfunden wird als in vielen konventionellen Häusern.

Baustoffe enthalten in der Regel eine gewisse Menge an natürlich vorkommenden radioaktiven Stoffen, es sind vor allem die Isotope Kalium-40, Radium-226 und Thorium-232 zu nennen. Da Sie sich mehr als 20 Stunden in geschlossenen Räumen aufhalten, ist das Wissen um diese Tatsache wichtig. Ein Schüler von mir wohnte in einem Haus mit einem Granitboden, den er im ganzen Wohnzimmer, seinem Schlafraum und dem Flurbereich ausgelegt hatte. Er litt unter Schlafstörungen und Herzrasen. Verursacht durch den Boden! Bedenken Sie, dass rund 90 Prozent der Strahlenbelastung dem Edelgas Radon und seinem radioaktiven Zerfallsprodukt zuzurechnen ist. Über die Atemluft gelangt es in den Körper. Dort wirkt es direkt auf das Lungengewebe ein. Gerade die Granitböden besitzen unter den Naturstoffen die höchste Eigenradioaktivität und können eine hohe Strahlungsbelastung darstellen. Im Gegensatz dazu sind die Baustoffe Marmor und Holz sehr aktivitätsarm.

DIE NATÜRLICHE REGELUNG DER RAUMFEUCHTE

Der Mensch gibt durch Atmen, Kochen, Waschen etc. eine erhebliche Menge Wasser in die Raumluft ab. Eine zu hohe relative Luftfeuchtigkeit verschlechtert das Raumklima und kann im Extremfall sogar der Bausubstanz erheblich schaden. Viele natürliche Baustoffe und Materialien können hier regulativ einwirken.

Besonders Holz besitzt eine hohe Sorptionsfähigkeit. Damit ist die Fähigkeit von Stoffen gemeint, Feuchtigkeit gut aufzunehmen und wieder gut abzugeben. Auch ein dampfdiffusionsoffener Wandaufbau und natürliche Materialien von Möbeln wirken unterstützend. Absolut zu vermeiden sind Anstriche der Wände mit Dispersions- oder Latexfarben. Sie machen die ausgleichenden Fähigkeiten von zum Beispiel Holz oder Lehmputz zunichte.

Doch mit feuchteausgleichenden Materialien allein ist es nicht getan. Für ein gesundes Raumklima ist es notwendig, in regelmäßigen Abständen zu lüften. Nur so kann ausreichend Feuchtigkeit aus der Raumluft nach außen gelangen.

BAUFEUCHTE SCHNELL ZUM ABKLINGEN BRINGEN

Neubauten enthalten sehr viel Baufeuchte. Wird ein Neubau nicht ausreichend getrocknet, besteht eine große Gefahr nachhaltiger Bauschäden.

Beispielsweise sind Firmen wie „Platzhaus" und „Fritz Stenger" Hausbaufirmen, die aufgrund der verwendeten Materialien nur eine geringe Baufeuchte bei ihren Häusern erzeugen.

BEUGEN SIE SCHIMMEL VOR

Schimmel kann sich nur bilden wenn in Räumen Feuchtigkeit dauerhaft steht. Dies passiert z.B. zur kalten Jahreszeit an einer kalten, schlechter gedämmten Hausecke in nördlicher Richtung. Wäre diese richtig gedämmt, könnte auf der Wandinnenseite die feuchte Luft nicht kondensieren, weil der Taupunkt zu hoch liegen würde und sich daher auch kein Schimmel bilden kann. Weiterhin sorgen feuchtigkeitsregulierende Baustoffe und Möbel (geölte, lasierte oder gewachste Hölzer, Naturdämmstoffe und beispielsweise Lehmputze dafür, dass Überschüsse aufgenommen werden und zu trockeneren Zeiten wieder abgegeben werden. Verwenden Sie daher Putze, die diese Funktion aufweist!

LÜFTEN SORGT FÜR EIN GUTES RAUMKLIMA

Bei schlechter Belüftung kann ein Raum mit einem erhöhten Kohlendioxidgehalt zu Kopfschmerzen oder Konzentrationsschwäche führen. Die Schleimhäute trocknen aus und gerade die Nasenschleimhäute, die ein Filter für die Einatmungsluft darstellen, können ihre Arbeit nicht mehr optimal durchführen. Ein zu hoher Staubgehalt in der Luft kann Allergien verursachen und Sie müde machen. Andererseits fördert eine zu hohe Luftfeuchtigkeit in warmen Räumen das Wachstum von Schimmelpilzen!
Eine kontinuierliche Zufuhr sauerstoffreicher Luft ist für ein gesundes Raumklima unbedingt erforderlich. So wird der Kohlendioxidgehalt reduziert, die Luftfeuchtigkeit reguliert und der Staub in der Luft entsorgt. Sie sollten stündlich einmal lüften oder Sie lassen sich aus energetischen Gründen eine Lüftungsanlage mit Wärmerückgewinnung einbauen.

DIE WASSERQUALITÄT

Leitungswasser ist das am strengsten kontrollierte Lebensmittel in Deutschland. Die zulässigen Grenzwerte für mögliche mikrobiologische und chemische Belastungen regelt die Trinkwasserverordnung.

Die hier festgeschriebene Wasserqualität wird aber nur bis zum Hausanschluss gewährleistet. In schwach durchströmten Leitungen können gefährliche Bakterienkulturen entstehen, zum Beispiel Legionellen, die Lungenentzündungen verursachen. Zudem sind veraltete Wasserleitungen häufig Ursache für Spuren von Kalk, Rost und Schadstoffen im Leitungswasser.

Wenn Sie die energetische Qualität des Wassers verbessern wollen, so haben Sie verschiedene Möglichkeiten. Sie können hierzu beispielsweise mit dem wartungsfreien „Grander-Wasser-System" agieren, das an die Hauptwasserleitung angeschlossen wird „Unser Wasser, das heute aufgrund vieler Belastungen nicht mehr die ursprüngliche Reinheit besitzt, erhält durch die „Grander Wasserbelebung" die Ur-Information zurück, die es braucht, um seine Kraft zur Selbstreinigung wieder aufbauen zu können." (Johann Grander)

Die Einmaligkeit dieses Wassers liegt darin, dass es über Jahre haltbar und frisch bleibt. Dies wird auf ganz natürliche Weise mit der Wasserbelebung, ohne Zugabe irgendwelcher Zusätze oder herkömmlicher Wasseraufbereitungsmethoden erreicht. Meine Familie und ich benutzen es schon seit vielen Jahren und erfreuen uns an den Wirkungen. Sehen Sie selbst unter: www.grander.com

DIE PLANUNG UND GESTALTUNG
DER INNENRÄUME

DIE BÖDEN

Wählen Sie für die Schlafräume im Obergeschoss Teppich- oder einen Holzboden. Der Teppichboden hat den Vorteil, dass er mehr Yin-Energie erzeugt und die Geräusche dämpft. Ein Fliesenboden erzeugt Yang-Energie. Er ist hart und eignet sich für die Küche, den Hauswirtschaftsraum oder die Bäder. Natursteinböden können Sie ebenso verwenden. Ich habe einen solchen in der Küche der eine natürliche Patina aufweist und sehr gut zum Holzparkett des Wohnzimmers harmoniert. Achten Sie auf lösungsmittelfreien Klebstoff! Laminat wurde lange gepriesen als Bodenbelag, der sich für Stauballergiker eignet. Das stimmt nicht. Betrachten Sie einmal die statischen Aufladungen und die sich damit entwickelnden ständigen Staubanhäufungen im Laminatbereich! Besser: Teppichboden, der im Gegensatz zu Hartböden den Staub bindet und bis zur nächsten Reinigung festhält. Verwenden Sie nach Möglichkeit Kork, Holz und Naturwollteppiche. Diese bieten auch den Milben keine Grundlage für ihre Vermehrung, wenn sie gepflegt werden. Saugen Sie den Boden möglichst zweimal die Woche oder natürlich mehr, wenn Sie das Bedürfnis danach haben. Es wird empfohlen, einen Staubsauger mit Mikrofilter und rotierendem Bürstvorsatz zu verwenden. Sie können sich auch für eine zentrale Staubsaugeranlage entscheiden, die den Staub und Schmutz einsaugt und filtert, während viele „normale" Staubsauger die kleinen Staubteilchen, Bakterien usw. sogar in den Raum zurückblasen!

Mit der Verlegung des Holzbodens können Sie auch die Chi-Richtung des Raumes bestimmen. Ein langgestreckter Raum beispielsweise wird nicht noch in der Länge durch die Holzverlegung betont, es sei denn, dass Sie später einen Teppich unter die Sitzgruppe legen, was ohnehin empfohlen wird, um das Chi zu halten und eine Ruheinsel zu bilden.

Denken Sie bei der Verlegung einmal ganz bewusst daran die unterschiedlichen Böden nicht einfach aufeinander stoßen zu lassen, sondern sie beispielsweise mit einem Bogen zu verbinden.

KORKBÖDEN

Da Kork aus der Rinde der Bäume gewonnen wird, ist dies nicht zum Schaden der Bäume selbst. Kork ist ein guter Trittschalldämmer und fühlt sich unter den Füßen warm und weich an. Allerdings, schwere Möbel hinterlassen auf dem Korkboden Abdrücke. Das sollten Sie bedenken. Wenn Sie ihn glänzend haben möchten, so empfiehlt sich eine Versiegelung mit Wachs. Herkömmlicherweise gibt es auch eine Versiegelung mittels Polyurethan.

NATURSTEINBÖDEN

Es gibt sie aus Schiefer, Sandstein, Travertin, Marmor oder Granit. Wählen sie keinen dunkelgrauen Belag im Eingangsbereich, da er Yin-Energie statt der gewünschten Yang-Energie ins Haus bringt. Man sagt auch, dass alle schwarzen Böden die Trauer in das Haus tragen.

FLIESENBÖDEN

Keramik- und Porzellanfliesen bekommen, wenn sie unglasiert sind, leicht Flecke. Es gibt sie auch als „Loni-Glas-Platten" in allen Regenbogenfarben. Diese sind glasiert und werden aus recyceltem Glas von Altautos hergestellt.

RECYCELTES HOLZ

Alte Dielenböden haben ihren Charme. Fragen Sie in jedem Fall, woher die Hölzer stammen. Es gilt als Unheil bringend, wenn man Hölzer aus einem Haus verwendet, welches gebrannt hat.

HOLZBÖDEN

Ob Sie sich für Kirschholz, Eiche, Buche oder Ahorn entscheiden, liegt bei Ihnen. Das Bambusparkett ist sehr beliebt, weil Bambus für Wachstum steht und diese Energie in das Haus trägt. Die Eiche symbolisiert Kraft und Stärke. Die Buche steht beispielsweise für Klarheit.

Natürlicherweise merkt man den Trend der Zeit. Jetzt ist gekalkte Eiche im Trend. Auch diese Mode wird sich wandeln. Beachten Sie auch Ihr Geburtsdatum, das Ihnen einen Aufschluss über die Hölzer geben kann, die mit Ihnen im Einklang stehen. Wenn Sie zwischen dem 02.12. und dem 11.12. eines Jahres geboren wurden, so haben Sie eine Resonanz zur Buche. Wenn Sie am 21.03. eines Jahres geboren wurden, dann zur Eiche, die für ihre robuste Natur steht. Das Ahornholz ist besonders für die zwischen dem 11.04. und 20.04. Geborenen zu empfehlen und die Kiefer für Menschen, die zwischen dem 19.02. und 28./29.2. geboren sind.

Beachten Sie einen Grundsatz: Der Boden sollte dunkler sein als die Decke!

DIE WÄNDE

Sorgen Sie dafür, dass in den Hausecken die Stabilität des Hauses gewahrt wird, indem Sie je einen Meter zur einen und zur anderen Seite eine Wand stehen lassen. Sie werden sie später auch gut gebrauchen können, um hier einen Fernseher hinzustellen, die Übergardine dort auslaufen zu lassen, eine Sofagruppe, einen Schrank oder eine Pflanze zu platzieren. Die Energie im Raum zu halten ist auf diese Weise möglich, anderenfalls wird sich der Raum als „unbrauchbar", weniger günstig zum Leben anfühlen und die Schutzmechanismen gehen verloren.
In einer Küche oder in einem Bad kann man auch Fenster über ein Eck laufen lassen. In einem Wohnraum sollte man darauf weitestgehend verzichten. Ich kenne viele Häuser mit viel Glas, die dem Architekten sicherlich schmeicheln, nicht aber den Bewohnern wirklich guttun.

In Gegenden mit viel Kälte, Wind und Schnee, wie dies in den Bergen der Fall ist, ist diese Regel ohnehin unerlässlich und wie gemütlich sind dort in der Tat die Holzhütten, mit kleinen Fenstern und viel Wand, die sich schützend und wärmend dem Bewohner offenbaren.
Die Wände können auch kurvig, gebogen gestaltet werden. Aus Metallprofilen und Gipsplatten entsteht beispielsweise eine Art kurviger Paravent, eine geschwungene Wand, mit der man offene Raumbereiche, wie beispielsweise im Dachgeschoss, abtrennen kann. Kurvige Wände symbolisieren das Element Wasser und auch die Energie des „Drachen", der für den Frühling, die Impulsgebung für das Leben, steht. Als halbrundes Gestaltungselement können so Stützsäulen ummantelt werden, die ansonsten mit ihren scharfen Ecken Sha-Chi in den Raum werfen würden.

Eine Raumecke können Sie auch in einen energetischen Schwung versetzen, wenn sie diese im Winkel von 45 Grad durch eine Wandscheibe brechen. Dahinter könnte sich auch eine Raumeckenbeleuchtung befinden oder Sie können diese Wand farbig abheben.

LEHMPUTZE IN DER WANDGESTALTUNG

Die Eigenschaften von Lehm als Bausubstanz sind unbestritten: Lehm sorgt für angenehmes Wohnklima, spart Energie und gilt baubiologisch als absolut unbedenklich. Für die individuelle Innenraumgestaltung gibt es farbigen Dekor-Lehmputz in über 500 Farbtönen. Die Lehmputz-Oberflächen können zusätzlich mit pigmentiertem Wachs geschützt und gestaltet werden.

VERGOLDUNG ALS DEKORATIVE WANDGESTALTUNG

Als Blickfang in Eingangsbereichen oder Wohnräumen verströmt Gold immer wieder die außergewöhnliche Wirkung des Edlen. Vergoldungen als loses Blattgold, Transfer, Schlagmetall oder in anderer Form sind auf nahezu jedem Untergrund möglich.

ITALIENISCHE SPACHTELTECHNIK IN DER WANDGESTALTUNG

Italienische Spachteltechnik besitzt eine ganz spezielle Leuchtkraft, wie wir sie nur von poliertem Marmor her kennen. Hergestellt aus einem marmorhaltigen Kalkputzmaterial und mineralischen Erdpigmenten, erhält jeder Farbton eine natürliche Lebendigkeit. Je nachdem, wie stark beim Glätten poliert wird, verdichtet sich das Material, Glanz und Transparenz entstehen. Tiefer liegende Farbschichten und Strukturen treten deutlich hervor.

WANDGESTALTUNG MIT WISCHTECHNIK

Diese lasierende Maltechnik bildet eine transparente, gebürstete, optische Räumlichkeit aus. Im Gegensatz zu deckenden Anstrichen, die zweidimensional flächig erscheinen, macht Wischtechnik Wände lebendig und verleiht ihnen den Reiz von Leichtigkeit und Ferne.

WANDGESTALTUNG MIT SCHRIFTENMALEREI

Wechseln Sie bei der Wandgestaltung zwischen glatten und samtigen Flächengestaltungen ab, um eine Balance von Yin- und Yang-Energien zu erzeugen. Eine gespachtelte Wand beispielsweise bringt Glanz und Glorie in den Raum und ist ein guter Gegenpart zu ansonsten glatt verputzten Wänden. Kleine Räume oder schmale Flure, die sich anders nicht vermeiden ließen, können zudem größer wirken durch Illusionsmalerei. Am Eingang eine Grußbotschaft als Schriftenmalerei bringt frische, heitere Energien dem Bewohner und Gast entgegen. Ob „Carpe diem“ oder Engelsbotschaften beispielsweise, das bleibt Ihnen selbst überlassen.

Schaffen Sie Übergänge zur Decke, indem Sie beispielsweise die rechten Eckwinkel brechen, indem Sie hier einen Keil einsetzen und so ein angedeutetes Achteck erzeugen. Oder Sie formen die Übergänge rund. So erreichen Sie, wenn man solche Durchgänge mit der Rute misst, einen hohen Schwingungsgrad von Rechts-, Links-, Gerade- und Querschwingungen. Rutengänger bezeichnen diese Schwingungsphänomene als elektrische und magnetische Impulse. Probieren Sie selbst!

DIE TAPETEN

Von Schaumtapeten kann ich Ihnen dringend abraten. Sie bilden eine luft- und wasserdichte Schicht und behindern die „Atmung“ der Wände! Darüber hinaus bilden sie eine unangenehme Wärme-Isolationsschicht, enthalten Weichmacher, Flammschutzmittel und andere Schadstoffe. Auch bedruckte Papiertapeten sind nicht immer günstig, da die bedruckten Farben ebenso schädliche Stoffe mit sich führen können.

Rauhfasertapeten ermöglichen in Abhängigkeit vom Anstrich einen Ausgleich der Luftfeuchtigkeit. Wenn Sie nicht ohne Tapeten leben können, so wäre dies ein Weg. In der Regel gilt: Tapeten müssen geklebt werden und auch wenn dies ein „gesunder“ Kleber ist, so stellt sich doch die Frage, ob überhaupt Wänden mit Tapeten die Atmung genommen werden muss und nicht völlig auf sie verzichtet wird.

TROMPE-L’OEIL-MALEREI IST DIE PERFEKTE ILLUSION UND IMITATION VON HOLZ, STEIN, MARMOR, STUCK, METALL UND ROST

Der Begriff kommt aus dem Französischen und bedeutet „die Täuschung des Auges“. bzw. Illusionsmalerei.

DIE FARBEN

ROT

Rot eignet sich für besonderes den Süden, Südwesten und in gedämpfter Form für den Nordosten.
In kleinen Maßen eingesetzt, bringt es Schwung und Elan in den Raum. Wer zu viel Rot in seiner Wohnung hat, wird die Streitlust fördern. Atmung und Herzfrequenz erhöhen sich. Rosa gehört als die zarte Variante des Rottons ebenfalls in diese Kategorie. Es entspannt die Muskulatur, gibt dem Herzen Frieden und kann zudem auch den Appetit zügeln. Kombinieren Sie auch rote Wände mit Grün, der Farbe des Holzes, wie hier im Bild zu sehen.

Als Teppich im Wohnzimmer soll Rot den Reichtum fördern. Rote Umschläge für Einladungen, auch zur Hauseinweihung, sind genauso glücksverheißend wie der rote Briefkasten der für gute Nachrichten steht. Auf einen roten Läufer über der Treppe sollten Sie innerhalb des Hauses verzichten, da dies Blut symbolisiert, welches sich sinnbildlich über die Treppe ergießt. Eine rote Wand im Schlafzimmer sollte niemals einen zu aggressiven Rotton aufweisen, da dies zu Streit führen könnte. Rote Laken oder rosa Bettwäsche vermehren die ehelichen Freuden. Ein gedämpfter Rotton hingegen kann für Feuer- und Erdmenschen (siehe im Kapitel „Die Bedeutung der Jahreselemente in der Planung") der Liebe förderlich sein.

Rote Akzente in der Küche sind förderlich dem Element „Feuer", welches die Küche repräsentiert.

GELB

Die gelbe Farbe wird für die Bereiche Südwesten, Nordosten, Westen und Nordwesten eingesetzt. Gerade im Nordosten, dem Bereich der „Erde", ist dies oft eine Farbe, die hier Helligkeit vermittelt. Gelb vertreibt die Müdigkeit, wirkt optimistisch und hebt die Stimmung. Besonders für das Wohnzimmer und Esszimmer eignet sich die Farbe neben Brauntönen, Orange und Eierschalenfarben, um die Familienharmonie zu fördern.

ORANGE

Orange wird in den Himmelsrichtungen Südwesten, Nordwesten, Westen oder Nordosten hauptsächlich Verwendung finden. Orange gehört zu den „Erdfarben", wirkt stimmungsanhebend, optimistisch und lebensfroh. Neben Koralle und Pfirsichfarben wirkt es anregend auch auf die Verdauung. Setzen Sie es nicht als klares Orange ein, sondern etwas abgetönt, so wirkt es sanfter und harmonischer.

BLAU

Die Farbe Blau gehört zur Himmelsrichtung Norden. Sie können natürlich nicht einen Nordraum generell in Blau streichen, da er hierdurch zu dunkel wirken würde. Er bekäme die Metallfarbe Weiß. Blau ist, in Maßen eingesetzt, unterstützend in den Himmelsrichtungen Osten und Südosten, den Bereichen der „Gesundheit/Familie" und des "Reich-

tums". Blau ist die Farbe des „Wasserelementes" und stellt den Gegenpart zum Rot dar. Beide Farben befinden sich im Kontrollzyklus, weshalb Sie nicht nebeneinander auftreten sollten.

Während das helle Blau die Weite symbolisiert und den Himmel, ist es eher das dunkle Blau, das Ruhe gibt. Ein Zuviel an Blau kann die Raumtemperatur gefühlsmäßig senken. Auf Seite 111 sehen Sie, wie man Blau und damit auch die Wasserenergie mittels eines Kunstobjektes in den Raum einbringen kann.

GRÜN

In diesem Bildbeispiel ist die grüne Wand mit einem Bild kombiniert, das auch das Rot wieder mit einbringt, weil sich Feuer und Holz in einem förderlichen Zyklus zueinander stehen. Auch dieses Bild ist ein Energiebild und wurde speziell für diesen Raum und diese Menschen angefertigt. Grün ist die Farbe des „Holzes". Sie ist den Himmelsrichtungen Osten und Südosten zugeordnet. Ausgleichend wirkt Grün im Bereich des Südens. Wenn Sie beispielsweise hier eine rote Wand hinter dem Sofa haben sollten, so sind es Bambusbilder, die den Gegenpart darstellen und entsprechend grüne und rote Kissen. Grün wirkt warm, wenn es in das Gelbliche hineingeht. Mit Lindgrün bringen Sie beispielsweise das Frühlingserwachen in den Raum. Wenn Sie sich entspannen wollen, so ist dies die richtige Farbe.

Vor allem für Holz- und Erdmenschen ist Grün sehr günstig. Wer hektisch und nervös ist, benötigt ebenfalls Grün, um sich zu beruhigen und auszugleichen, weshalb Grün auch eine Farbe der Meditation ist.

WEISS

Weiß ist die Farbe des Elementes „Metall". Sie gehört in die Himmelsrichtungen Westen und Nordwesten. Ausbalancierend ist sie für Nordräume, um dem Raum, der zum Element „Wasser" gehört und die Nacht symbolisiert, auch Lichtkraft zu bringen. Weiß steht für Klarheit, Ruhe, Weite und Reinheit und wird auch für die Bäder verwendet, die ebenfalls zum Element Wasser gehören. Aber Weiß ist nicht gleich Weiß! Die Textur, die Nuance ist entscheidend. Ob sie matt verwendet wird oder glänzend, beispielsweise, macht den Unterschied. Im Bad empfiehlt sich auch eine Spachteltechnik oder „Tadelakt". Wer nur weiße Räume bevorzugt, ist dabei, sich von Jemandem oder Etwas zu verabschieden, da Weiß auch eine Farbe der Loslösung ist und in China eine Farbe der Trauer. Wer trotzdem nicht auf weiße Wände verzichten möchte, sollte mit Bildern, Kissen, Gardinen oder Polstermöbeln die entsprechenden farblichen Akzente einbringen.

SCHWARZ

Schwarz ist die Farbe des Wassers. In unseren Breitengraden ist sie mit Abschied und Trauer assoziiert. In Maßen eingesetzt kann Schwarz neben der Farbe Weiß Eleganz ausstrahlen und Prestige. Ein schwarz-weiß gefliester Boden im Bad beispielsweise würde im Sinne des Feng Shui harmonisch aufeinander abgestimmt sein.

Der Anregungszyklus der Elemente:

Rot gibt die Energie an Gelb,
Gelb gibt die Energie an Weiß,
Weiß gibt die Energie an Schwarz/Blau,
Schwarz/Blau gibt die Energie an Grün,
Grün gibt die Energie an Rot.

Der Zerstörungszyklus

Rot ist aggressiv gegenüber dem Weiß,
Weiß ist aggressiv gegenüber dem Grün,
Grün ist aggressiv gegenüber dem Gelb,
Gelb ist aggressiv gegenüber dem Schwarz/Blau,
Schwarz/Blau ist aggressiv gegenüber dem Rot.

Günstige Farbfolgen im Dreiklang

Rot-Gelb-Weiß
Gelb-Weiß-Blau
Weiß-Blau-Grün
Blau-Grün-Rot
Grün-Rot-Gelb

Farbige Eckengestaltung:

Himmelsrichtung Süden: Rot
Himmelsrichtung Südwesten: Gelb, Orange
Himmelsrichtung Westen: Gelb, Weiß, Eierschalenweiß
Himmelsrichtung Nordwesten: Gelb, Weiß, Eierschalenweiß
Himmelsrichtung Norden: Blau
Himmelsrichtung Nordosten: Gelb, Orange
Himmelsrichtung Osten: Grün
Himmelsrichtung Südosten: Grün

DIE DECKE

Eine Decke sollte heller gestrichen werden als der Boden. Lasierte Decken eignen sich für Bereiche, in denen Sie zu wenig Tageslicht haben und für Deckenbereiche, die zu niedrig sind. Eine unregelmäßige Decke unter der man sitzt, kann die Geschäfte negativ beeinflussen, sagen die Chinesen. Niemals würde ein erfolgreicher Geschäftsmann dies riskieren. Lieber wird umgebaut und die Decke ebenmäßig ausgestaltet, als dass man diese Gefahr eingehen würde. Der Mittelpunkt des Hauses und auch im Bereich über dem Essplatz sind runde oder ovale Decken. Sie stellen den Himmel dar und können etwas nach oben hin höher liegen als die restliche Decke, um den Eindruck des Himmels noch zu verstärken. Eine indirekte Beleuchtung kann diesen Effekt noch verstärken. Wenn Sie an der Decke den „Himmel" geschaffen haben, so empfiehlt es sich, einen beispielsweise darunter liegenden Essplatz auch mit einem runden Tisch auszustatten. Der Teppich kann dazu quadratisch gewählt werden, weil er das Element „Erde" ausdrückt. So sind „Himmel" und „Erde" in Harmonie. Ungleichmäßig hohe Decken innerhalb eines Raumes sind ungünstig. Diese Unregelmäßigkeit würde sich nachteilig auf die Chi-Zirkulation des Hauses auswirken. Ausnahme: der Deckenhimmel!

Decken sollten etwa zwischen 2,50 und 2,60 m hoch sein. Zu niedrige Decken erzeugen ein drückendes Chi. Zu hohe Decken lassen nicht nur die Wärme nach oben entweichen, sie geben auch keine schützende und bergende Kraft. Gewölbte Decken haben den Vorteil wie ein Dach zu wirken und bilden einen sprichwörtlichen „Himmel", der als positiv angesehen wird. Auf Balken sollten Sie verzichten, zumindest wenn sie sich in der angegebenen Zimmerdeckenhöhe befinden. Je höher sie liegen, umso unschädlicher sind sie. Das Sitzen unter tragenden oder niedrigen, schweren Balken kann zu Kopfschmerzen führen! Ein Balken mittig über dem Esstisch bedeutet, dass Unheil droht. Trennende Balken über den Schlafenden können das Paar energetisch trennen und offen liegende Balken, die wie Galgen aussehen, könnten auch als solche genutzt werden, sagen die Chinesen. Also, verzichten Sie zumindest auf Balken über Ess-, Sitz- und Schlafbereichen.

DAS LICHT

Der Mensch hat sich in seiner Entwicklung an das natürliche Lichtspektrum der Sonne angepasst. Es hat entscheidenden Einfluss auf das Wohlbefinden des Menschen. Kein Kunstlicht ist in der Lage das Tageslicht zu ersetzen – auch wenn das Licht von Glüh- und Halogenlampen noch relativ gut abschneidet.

Aus baubiologischer Sicht nicht zu empfehlen sind Energiesparlampen, Leuchtstoffröhren und Bio-Röhren. Abgesehen von den enthaltenen chemischen Komponenten, dem zweifelhaften Energiesparpotenzial und der elektromagnetischen Strahlung ist ihr Lichtspektrum nicht naturnah.
Auch Farben beeinflussen die Stimmung des Menschen – Farbe ist ja nichts anderes als Licht in spezifischen Wellenlängen. Das baubiologische Ziel ist es, jene Wellenlängen im Haus zu erzeugen, die sich wohltuend auf die Bewohner auswirken.

Schaffen Sie einen Wechsel von Yin-Licht unter Zuhilfenahme von kleinen Tischlampen und indirekter Beleuchtung, und andererseits von Yang-Licht, den Stehlampen, die die Decke anleuchten oder der Deckenbeleuchtung selbst. Bauen Sie jeweils ein Dreieckssystem von kleinen Lichtquellen im Raum auf. Dies schafft eine optimale und ausgewogene Feng Shui-Atmosphäre.

RAUMZUORDNUNGEN ZU DEN HIMMELSRICHTUNGEN

Die Anordnung der Räume erfolgt nach einem Muster des Chis. Alles hat seinen Platz, seine Ordnung. Sehen Sie nachfolgend auf einen Blick in welchen Himmelsrichtungen Sie welche Räume am besten planen (siehe auch Kapitel „Die Acht Omen").

Osten – Küche,
Südosten – Essen,
Süden – Wohnen,
Südwesten – Wohnen,
Westen – Kinderzimmer,
Nordwesten – Arbeitszimmer,
Norden – Bäder,
Nordosten – Staubereiche

TREPPEN:

auf der Sitz-Seite des Hauses
in negativen Omenbereichen

ABSTELLRÄUME:

im Nordosten

KÜCHEN:

im Osten/Südosten

BÄDER:

im Westen/Nordwesten/Norden (Osten/Südosten)

TOILETTEN:

unter Beachtung der Fünftelung
im Westen/Nordwesten/Norden (Osten/Südosten)

WOHNZIMMER:

auf der Blickseite des Hauses
im Südwesten/Süden

ARBEITSZIMMER:

nach der Ming-Kwa-Zahl, am besten im Bereich SQ

SCHLAFZIMMER:

nach Ming-Kwa in den Bereichen YN oder TY
und auf der Sitzseite des Hauses

KINDERZIMMER:

im Westen und in erster Linie nach der Ming-Kwa-Zahl
des Kindes

GÄSTEZIMMER:

im Nordwesten

HAUSWIRTSCHAFTSRÄUME:

im Nordwesten

ANKLEIDE:

im Nordosten

VORRATSKAMMERN:

im Nordosten

DER FLUR

Der Flur beeinflusst die Eintretenden nachhaltig – deshalb sollte hier eine fröhliche, Freude vermittelnde Stimmung, beispielsweise durch Bilder, Farben und Licht, herrschen. Für einen optimalen Chifluß sollten Vorräume und Gänge einen offenen und übersichtlichen Eindruck vermitteln. Zu viele Türen auf engstem Raum fördern Unruhe und sollten daher teilweise durch offene Durchgänge ersetzt werden. Achten Sie darauf, dass die Tür zum Gäste-WC nicht unmittelbar an der Haustür liegt. Planen Sie diese so, dass Sie zunächst um ein Eck gehen müssen, um zur Toilette zu gelangen.

Sorgen Sie für eine gute Beleuchtung mittels Schienensystemen. Hallogenlicht ist hier besonders zu empfehlen, da im Bereich des Flurs auch die Auswirkung des Trafos nicht stört. Niedervolt-Halogenlampen erzeugen zwar durch den Trafo ein großes Maß an Elektrosmog und damit störende Energien, im Treppen-, Flur- und Eingangsbereich können sie dennoch installiert werden.

Planen Sie zudem gleich einen Wandschrank für die Garderobe und die Schuhe ein, damit der erste Anblick, wenn Sie den Flur betreten, nicht durch Mäntel und Schuhe behindert wird. Man sagt auch, dass wenn man die Schuhe am Boden gleich nach dem Betreten des Hauses sieht, man sich selbst im Leben behindert. Der Weg ist blockiert! Kinesiologisch, kann man mittels eines Arm-Muskeltestes herausfinden, wie die Körperenergie „abschaltet" — wenn man beim Betreten des Hauses auf den Boden schaut, weil dort beispielsweise die Schuhe stehen. Der zu testende Armmuskel wird schwach.

Sie wollen sich natürlich nicht „schwächen", wenn Sie eintreten, so dass es sinnvoll ist bei den Baumaßnahmen die Schuhe von vornherein mit einzuplanen, so dass sie aus dem Blickfeld verschwinden.
Wenn sich kein geräumiger Flur ergeben sollte, so wie dies in alten Villen der Fall ist, so können Sie im Nachhinein mit der Verspiegelung einer Wand arbeiten, um wieder Weite zu

erzeugen. Da Spiegel im Eingangsbereich ohnehin willkommen sind und auch eine gute Kontrolle der eigenen Person ermöglicht, bevor Sie das Haus verlassen, sollten Sie sich für einen raumhohen Spiegel seitlich der Eingangstür entscheiden. Am besten ist es, wenn Sie sich von Kopf bis Fuß sehen können.

Allerdings sollte der Spiegel nicht den Kellerabgang wiederspiegeln, die offene Garderobe, die herumliegenden Schuhe oder sogar die Toilettentür! Spiegelfliesen gelten im Feng Shui wegen ihrer „zerhackenden" Wirkung als Sha-Chi, schädliches Chi, weshalb gänzlich auf sie verzichtet werden sollte.

Vermeiden Sie in schmalen und langen Flurbereichen die Verlegung der Böden in Längsrichtung. Sie bremsen das Chi, wenn Sie eine Schräg- oder Querverlegung bevorzugen. In der Mitte des Hauses – diese wird sich in der Regel im Flur befinden – ist eine Betonung des Mittelpunktes, des Tai-Chis mit Hilfe eines Bodenmusters zu empfehlen. Sie halten hier die Energie und damit auch Ihren Blick beim Eintreten zunächst einmal fest. Da das Tai Chi in der vertikalen Ebene auch bis zur Decke zu sehen ist, da es den Himmel- und Erde-Punkt repräsentiert, sollten Sie auch die Beleuchtung so anordnen, dass parallel zum Bodenmuster auch die Spots an der Decke angeordnet sind.

Sollten Sie sich für ein rundes Bodenmuster entschieden haben, so wird die kreisrunde Beleuchtung an der Decke um zirka ein Drittel größer sein als am Boden.

Wer einen Kristalllüster hier bevorzugt, um den Tai-Chi-Punkt zu betonen, sollte darauf achten, dass das Licht nicht blendet.

Wer sich für einen Teppich in der Diele entscheidet, wählt für den Tai-Chi-Punkt einen runden Teppich oder ein Muster im Teppich, das die Mitte wiederum betont.

DAS WOHNZIMMER

Das Wohnzimmer befindet sich optimal in den Himmelsrichtungen Südwesten, Westen oder Südosten: Eine sonnige, warme Gestaltung sollte den Bewohner empfangen.

Hier werden Gäste empfangen, gespielt, Fernsehen geschaut und das Zusammensein genossen. Das Zentrum des Raumes sollte nicht durch schwere Möbel blockiert werden. Halten Sie es stets aufgeräumt, da es den zentralen Punkt der Familie darstellt, den Bauchbereich der Familie. Auf der „Sitzseite“ des Hauses, der Rückseite quasi, können Sie hohe Möbel stellen. Beispielsweise die Schrankwand oder das Bücherregal. Die niedrigen Möbelteile befinden sich in Blickrichtung des Hauses. Wenn Sie also in Ihren Garten sehen, so behindert Ihren Blick kein hohes Möbelteil. Weniger ist mehr! Es sollte immer so viel Platz sein, dass Sie, wenn Ihnen und Ihrem Partner danach zumute ist, dort einen Platz zum Tanzen finden können, ohne erst großartig alles wegräumen zu müssen.

DAS WOHNZIMMER AUF EINEN BLICK

Warme Farben, ein Kamin- oder Kachelofen, sowie eine große Pflanze und ein Zimmerspringbrunnen geben die nötige Energie für die Familie, strahlen Behaglichkeit aus und fördern die Entspannung, Vitalität, Freude und Gastlichkeit.

Wenn Sie einen offenen Kamin (mit oder ohne Glasscheibe) eingebaut haben sollten, so empfiehlt es sich, darüber einen Spiegel zu hängen. Die Oberfläche des Spiegels setzt zu der Wärme des Feuers einen ausgleichenden Akzent und schafft somit die Balance von Yin und Yang. Wer ein Wohnzimmer in den süd-südwestlichen Himmelsrichtungen haben wird, sollte auch an Kristalle denken, die man in das

Fenster hängen kann. Sie geben schöne Lichtreflexe in den Raum und beleben das Chi.

Warme Farben eignen sich besser als kühle. Geschickt gesetzte farbliche Akzente beflügeln die Konversation. Für Feuermenschen wird dies in jedem Fall die Farbe Rot sein. In kleinen Maßen eingesetzt, als Teppich, Polstersessel, Kissen oder in Form einer kleinen Wand, gibt Rot eine anregende Atmosphäre. Um Harmonien zu erzeugen, benötigen Sie im Wohnbereich auch die Farben der Erde: Gelb, Beige, Gold, Braun oder Orange. Die Erdfarben sorgen für Ruhe und Entspannung. Helle, große Wohnzimmer fördern die Ausbreitung positiven Chis. Ein Teppich unter der Sitzgruppe ist zu empfehlen, um das Chi dort zu halten und die Ruhe und Behaglichkeit zu fördern. Allerdings wird von Teppichen mit Wollsiegel abgeraten wegen der Imprägnierung gegen Mottenfraß.

Als Pflanzen empfehle ich Zimmerlinden oder alle anderen Pflanzen, die entweder insgesamt optisch rund sind oder runde Blätter haben. Wichtig ist, keine Kunst- oder Trockenpflanzen zu verwenden. Wer auf einen Balkon oder eine Terrasse schaut, sollte dafür Sorge tragen, dass auch im Winter dort immer eine kleine Sitzgruppe mit einer der jeweiligen Jahreszeit entsprechenden Begrünung und Dekoration steht.

Im Wohnzimmer sind natürlich auch die Bilder von entscheidender Bedeutung. Alles muss harmonisch aufeinander abgestimmt sein. Das rote Kreisbild beispielsweise vermittelt eine hohe Bovismeterzahl (eine Messeinheit nach dem Physiker Bovis), die das Wohlbefinden steigert und zu einer Zentrierung im Raum beiträgt.

Dieses Bild passt gut über ein Sofa in das Blickfeld des Betrachters. An einer Südost- oder Ostwand könnte auch die Bambustrilogie hängen.

Als idealer Bodenbelag gilt im Wohnzimmer, wenn Sie einen direkten Ausgang zur Terrasse haben sollten, der Holzboden. Auf gar keinen Fall sind es Fliesen! Liegt Ihr Wohnzimmer im Obergeschossbereich, so ist auch eine Teppichauslegeware günstig. Holzmöbeln sollten Sie in jedem Fall den Vorrang geben. Achten Sie hier wie im ganzen Haus darauf, dass Sie keine Pressspanmöbel ins Haus tragen, die dann wieder die Chemikalien ausdünsten. Ich selbst bevorzuge Weichholzmöbel, die ich schon mehr als zwanzig Jahre in meinem Haus habe. Auf harte Kanten und spitze Ecken sollten Sie weitestgehend verzichten, wo es nur geht. Sie senden Sha-Chi – störendes Chi aus. Sämtliche Möbel, wie die Schränke, Polster- und Sitzmöbel, Regale, Tische usw., sollten möglichst nur mit abgerundeten Ecken versehen sein, um die negativen Wirkungen von Sha-Chi auszuschließen.

Bevorzugen Sie grundsätzlich in Ihrem Wohnbereich runde und weiche Formen. Wenn Sie auf Holz und Teppich als Grundmaterialien im Wohnzimmer gesetzt haben, benötigen Sie zum Ausgleich punktuell auch die harten Materialien wie Glas und Metall, um wieder die Balance zwischen Yin und Yang herzustellen.

Bei der Auswahl der Couch sollten Sie darauf achten, welche Bedürfnisse Sie haben. Sind Sie eher ein Mensch, der gern die Füße hochlegt und gemeinsam mit dem Partner oder auch den Kindern fernsieht? Dann sollte es sich um eine große Liege-Lümmelecke handeln mit kleinen und großen farblich abgestimmten Kissen. Wer eher allein die gemütliche Fernsehstellung einnimmt, benötigt einen in die Liegeposition zu verstellenden Sessel. Diese Funktion gibt es jetzt auch bei Sofas, so dass Sie gemeinsam nebeneinander Ihre Position individuell verändern können. Dies empfiehlt sich vor allem bei älteren Menschen, die von einer Lümmel-Liegewiese schwer hochkommen. Hier sind höhere Möbel gefragt, die das Aufstehen erleichtern. Im Feng Shui gilt zudem auch, dass Sie von Ihrem Sofa aus die Tür einsehen könnten. In jedem Fall aber sollte auch der Ausblick in den Garten oder auf den Balkon gewährleistet sein, das Zentrum des Raumes sollte von jedem Platz aus gut zu sehen sein. Dabei ist es unerheblich, ob Sie die Sitzgelegenheiten kreisförmig, quadratisch oder rechteckig anordnen. Der Hauptbereich der Sofagruppe sollte in jedem Fall eine feste Wand im Rücken haben. Zur Auflockerung der Sitzgruppe eignen sich kleinere Tische und Leselampen. Eine zentrale Beleuchtung des Raumes ist nicht nötig. Mehrere kleine Steh-, Lese- und Tischlampen verteilt, sorgen für eine ausgewogene Yin-Atmosphäre, die gemütlich ist. Wer auf Deckenlampen dennoch nicht verzichten will, kann um den Raum herum eine Halogendeckenbeleuchtung vorsehen, die auch entsprechend dimmbar ist und nur bei Festen Verwendung finden wird.

Das Wohnzimmer ist häufig das größte Zimmer im Haus. Sollte es kleiner als gewünscht ausfallen, so können Sie es auch hier mit Spiegeln vergrößern. Eine Klientin von mir hatte in ihrem kleinen Reihenhaus eine ganze Wand verspiegelt und damit optisch den Eindruck eines großen Raumes erzeugt! Ist der Raum allerdings zu groß, so können Sie ihn auch mit Raumteilern, beispielsweise als Bücherschränke unterbrechen. Wenn Sie aus verschiedenen Gründen dennoch Möbel mit scharfen Ecken im Wohnzimmer unterbringen wollen oder müssen, können Sie durch das Einbringen von weichen Materialien (beispielsweise Tischdecken oder Kissen) oder durch Pflanzen mit rundlichen Blättern Abhilfe schaffen und für einen Ausgleich sorgen. Grünpflanzen tragen in diesem Zusammenhang zusätzlich zu harmonischen Energieströmen bei und sorgen für eine Zufuhr von frischem Sauerstoff.

Vermeiden Sie auf jeden Fall das schneidende Chi im Wohnzimmer. Setzen Sie keine scharfen oder vorstehenden Kanten ein und keine Pflanzen mit spitzen Blättern, die im schlimmsten Fall noch auf die Menschen in den Sitzgruppen weisen.

Vermeiden Sie eine Unausgewogenheit von Yin und Yang. Das bedeutet, dass niedrige Decken höher werden dürfen durch Deckenlasuren und Strahler, die auch die Decke nach oben hin erweitern und andererseits zu hohe Räume durch dunkle Deckenanstriche wieder ins Gleichgewicht gesetzt werden. Dunkle Bereiche des Yin sollten Licht, Yang, bekommen können und eine Decke sollte heller sein als der Boden bei normal hohen Decken.

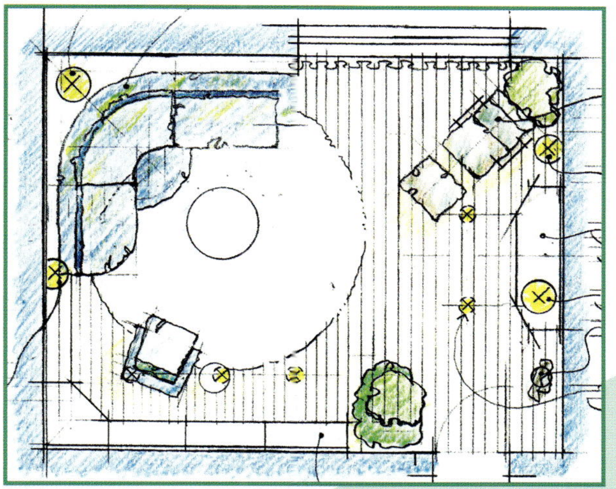

mit Feng Shui

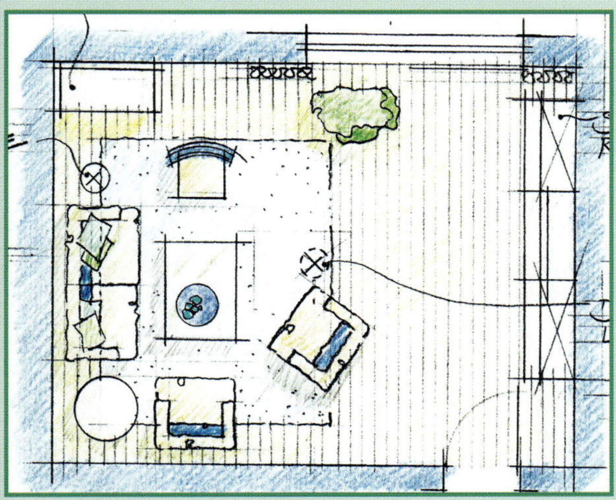

ohne Feng Shui

mit Feng Shui

DER ESSBEREICH

Am besten liegt der Essbereich gleich neben dem Küchenbereich. Die besten Himmelsrichtungen sind Osten, Südosten, Süden. Auch der Südwesten kann gewählt werden, da er den Bereich der „Mutter“ und damit der Versorgung und Ernährung repräsentiert. Materialien wie Metall oder Glas eignen sich weniger, weil sie auf der einen Seite sehr kühl wirken, andererseits auch die Elemente Wasser- und Metallenergie darstellen. Die Berührung ist unangenehm. Ein Glastisch, durch den man die Beine sieht, ist völlig ungeeignet als Esstisch. Dem harmonischen und gemütlichen Zusammensein ist dies abträglich, würden sich doch die Gäste bei dem ständigen Blick auf die Beine unterbewusst wie „auf dem Sprung“ fühlen.

Hier befindet sich die Essecke im Bereich der Küche, im Osten des Hauses. Deshalb sind hier Grüntönen und Holz der Vorrang gegeben. Stellen Sie immer eine runde Schale in die Mitte des Tisches, um das Tai Chi zu betonen. Die hier abgebildete Schale hält das Obst lange frisch und kann über www.moogk-design.de bezogen werden.

DIE KÜCHE

Im Allgemeinen sollten Sie die Küche im Bereich des Ostens oder Südostens planen, auf die östliche Seite des Hauses. Die Speisekammer oder der Vorratsraum befinden sich idealerweise im Nordosten.

Diese Küche liegt im Südwesten und hat die Farbe Gelb erhalten. Der anschließende Essbereich mit seinen Südenergien bekam einen warmen Rotton. So sind beide Bereiche sehr harmonisch miteinander im Einklang.

Denken Sie auch an die blendfreie Unterschrankbeleuchtung, wie hier im Beispiel.

Statt Holz- oder Fliesenboden können Sie auch mit diesem Marmorbruch in Sandtönen arbeiten, insbesondere dann, wenn daran ein Holzboden im Essbereich anschließt.

Entscheidend in der Küche ist die Herdstellung. Im Feng Shui richtet sie sich in erster Linie nach dem Meistverdiener des Hauses. Wenn Sie dies beherzigen, so werden das Glück und der Lebensunterhalt für die Familie gesichert sein. Gehört dieser zur westlichen Lebensgruppe, so steht der Herd am besten nach Südwesten oder Nordosten hin ausgerichtet. Gehört er der Ostgruppe an, so steht der Herd an der Ost-Südost oder Südwand. Feinheiten stimmen Sie bitte mit Ihrem Feng Shui-Berater ab. Hinter dem Herd empfiehlt sich ein Spiegel, um die Speisen zu verdoppeln, was für Reichtum steht.

Der Herd steht für das menschliche Herz und nährt die ganze Familie. Deshalb sollte auch gekocht werden, sonst ist das Herz sprichwörtlich „erkaltet". Bei der Planung sollten Sie überlegen, ob es Ihnen wichtig ist mehr Platz für ein gemeinsames Kochen oder Backen mit der Familie oder Freunden haben zu wollen, oder ob Sie lieber allein und in einer kleinen und gut überschaubaren Küche kochen wollen. Verzichten Sie völlig auf die Mikrowelle, da Sie sicherlich kein energetisch minderwertiges Essen zu sich nehmen wollen. Bringen Sie die Farben Grün, Gelb oder Rot in den Küchenbereich ein. Da die Küche dem Element „Feuer" zugeordnet ist, sollten hier auch Holzmaterialien als Kochlöffel, Arbeitsbrett oder Olivenholzschalen, besonders für die am 23.09. eines Jahres Geborenen, Verwendung finden. Granderwasser oder anders belebtes Wasser wird Sie gerade hier im Kochbereich erfreuen.
Achten Sie auf die Dunstabzugshaube, die nicht zu niedrig sein sollte, um die Kopffreiheit zu gewährleisten!

Ihre Arbeitsfläche sollte optimal geplant werden, so dass Sie rechts und links von sich noch zirka 60 Zentimeter Freiraum zum Arbeiten haben. Herd und Spüle müssen die Breite einer Arbeitsfläche Abstand zwischen sich halten, damit die Elemente „Feuer" und „Wasser" nicht aufeinander treffen. Planen Sie lieber mehr als weniger Steckdosen ein! Wer statt Fliesen die Rückwand der Küche anders gestalten möchte, kann dieses in der Tadelakt-Technik tun oder er nimmt eine Verglasung der Rückwand vor. Diese Verglasung kann in den geeigneten Farbe Rot, Orange, Grün- oder Gelb erfolgen. Weiß und Blau sollten keine Verwendung finden, da sie die Elemente Metall und Wasser symbolisieren, die im Kontrahentenverhältnis und damit disharmonisch zum Element „Feuer" der Küche stehen.

Damit nicht so viele Haushaltsgeräte später herumstehen, planen Sie genügend Platz in den Schränken für sie ein. Die Küche steht mit dem Nahrungs-Chi in Verbindung. Von hier aus wird die Familie genährt und durch gesunde Lebensmittel auch gesund erhalten. Planen Sie die Lage der Küche deshalb an einem zentralen Ort, abgeschirmt vom Hauseingang. Wenn Sie seitlich vom Eingang zur Küche gelangen, so ist dies eine gute Lösung. Achten Sie darauf, dass der „Mund des Chi", die Tür zur Küche, keine zu kleine Öffnung hat. Mehr als eine Tür oder entsprechend auch die Öffnung zum Essbereich stimulieren die Chi-Zirkulation. Zwei Seiten der Küche sollten jedoch in jedem Fall geschützt sein.

DAS SCHLAFZIMMER

Das Schlafzimmer wird in Ihrer Planung neben dem Eingang die Nummer eins spielen. Schließlich fügen sich an diesen beiden wichtigen Positionen die anderen Räume an. Planen Sie Ihr Schlafzimmer in der Ihrer Himmelsrichtung entsprechenden Ming-Kwa-Richtung. Sollten Sie und Ihr Partner unterschiedliche Ming-Kwa-Zahlen ausweisen, so nehmen Sie sich einen Feng Shui-Master zu Hilfe, der Sie beraten wird. Die Menschen der Westgruppe planen als Schlafzimmer am besten in einer der vier Richtungen Nordwesten, Westen, Südwesten oder Nordosten und die Menschen der Ostgruppe in ihren Richtungen Norden, Osten, Südosten oder Süden. Allerdings sollte man in der Himmelsrichtung Süden nicht unbedingt schlafen, da sich dieser Raum zu stark aufheizen kann. Schlafräume gehören in der Planung zudem an die Rückseite des Hauses. Nur wenn dort die Straße verläuft und die Ruhe damit gestört wäre, werden die Schlafzimmer auf die Gartenseite geplant. In jedem Fall aber sollten die Schlafzimmer unbeeinflusst von Straßenlaterne und einem hohen Geräuschpegel sein. Auch wenn Sie Ihr Haus bereits bezogen haben, können Sie dessen Räume noch überprüfen lassen, zum Beispiel auf Beeinträchtigungen durch Mobilfunk bzw. auf niederfrequente oder auch hochfrequente Felder. Spezialisiert auf solche Untersuchungen ist zum Beispiel das international bekannte Institut für Geo-Baubiologie (52159 Rott). Dass Ihr Schlafzimmer frei von den Auswirkungen eventuell vorhandener geopathischer Störfelder wie Wasseradern, dem Currynetz, Globalgitternetz und dem Kubischen Benker sein sollte, versteht sich von selbst. Bereits vor über zwanzig Jahren wurde von Herrn Schäfer (Geo-Baubiologie) das „Geosafe-System“ entwickelt, welches weltweit, u.a. auch in China, eingesetzt wird, um die Menschen vor diesen Feldern zu schützen. Auf Elektrogeräte sollte man im Schlafzimmer gänzlich verzichten. Radiowecker, Federkernmatratzen,

Wasserbetten sowie verstellbare elektrische Betten sind wegen der elektromagnetischen Felder nicht zu empfehlen. Achten Sie darauf, dass die Schlafzimmertür die am besten geschützte Tür ist. Mehr als eine Tür, bis auf die Ankleidetür, sollten nicht vorhanden sein. Am besten trennen Sie den Schlafbereich und das Badezimmer durch die Ankleide, damit die Wasserenergien nicht in das Schlafzimmer dringen und damit Feuchtigkeit den Raum erfüllt. Lässt es sich dennoch nicht vermeiden, so müssen Sie gut lüften nach dem Baden und es empfiehlt sich eine Verspiegelung der Innenseite der Badezimmertür. Ohnehin verwenden wir zur Chi-Lenkung mittig der Bädertüren, in denen sich die Toiletten befinden, einen Achteckspiegel in Augenhöhe. Dieser wird innen und außen angebracht und richtet sich nach dem größten Bewohner. Dies ist in der Regel der Mann.

Das Schlafzimmer sollte nicht direkt einer Treppe gegenüberliegen und auch nicht der Eingangstür. Formen Sie die Decke auch nicht wie ein umgekehrtes V, welches negative Energien verströmt. Um ein günstiges Feng Shui zu erreichen, sollten Sie einen regelmäßigen, symmetrischen Grundriss wählen, der sanftes, wohlwollendes Chi erzeugt.

Stellen Sie niemals Ihr Bett mit dem Fußende in die direkte Linie zur Tür, da dies der Sargstellung entspricht. Sorgen Sie für einen geschützten Kopfbereich, so dass sich immer eine Wand hinter Ihnen befindet. Vermeiden Sie Sha-Chi, das durch spitze Kanten von Schränken oder Kommoden ausgehen kann und Sie angriffs- und streitlustig machen kann.

Die Farbe des Schlafzimmers sollten Sie mit Ihrem Feng Shui-Master abstimmen, da diese von Ihren persönlichen Ming-Kwa-Zahlen und den Jahreselementen einerseits, sowie der Lage des Schlafzimmers zu der jeweiligen Himmelsrichtung andererseits abhängt.

Wenn Sie als Paar im Haus leben, dann sollten Sie eine durchgehende Matratze bevorzugen, zum Beispiel „Sembella“ Sorgen Sie zudem für einen schönen Platz im Raum, wo Sie sich eine Art „Partnerschaftsaltar“ errichten mit Bildern, Kerzen, Herzen oder Liebesbriefen von Ihnen beiden. Grundsätzlich gilt, dass Ihr Schlafzimmer neben dem Ruheort auch Ihr, ganz privates, intimes Refugium ist. Hier können auch Bilder von Ihnen beiden hängen, die Sie in Ihrer nackten Schönheit zeigen.

Im Übrigen benötigen Sie keine Lampe über dem Bett. Sie benötigen die Nachttischleuchten und sollten auf, abgeschirmte Kabel und einen Netzfreischalter achten.

Wenn Sie einen Schrank im Schlafzimmer haben sollten, was sich mit der Neuplanung Ihres Hauses eigentlich vermeiden lässt, dann sollten Sie auf einen Spiegelschrank verzichten und darauf achten, dass er nicht den Raum erdrückt. In diesem Fall aber benötigen Sie eine direkte, meist in die Decke eingelassene Beleuchtung für Ihren Schrank.

Da offene Balken niemals über dem Schlafenden oder Sitzenden Menschen sein sollten, haben Sie selbstverständlich bei der Planung ganz auf sie verzichtet. Oder Sie verkleiden zumindest über dem Bettbereich mit einer Platte die Balken oder wählen ein Himmelbett mit Moskitonetz aus Baumwolle.

Aus welchem Material besteht Ihr Bett? Es sollte in erster Linie natürlich aus Vollholz bestehen, nicht verleimt oder genagelt, was am besten wäre. Es gibt viele Bettenhersteller, aber einer hiervon hat sich besonders hervorgetan: der aus Sulzberg stammende Schreiner Bechteler. Er hat beispielsweise das Mars- und Venusbett entwickelt, das völlig den Feng Shui-Kriterien entspricht und eine sehr harmonische Formgebung aufweist.

Ein Drittel Ihres Lebens verbringen Sie mit Schlafen. Um einen gesunden Schlaf zu genießen, brauchen Sie eine positive Umgebung nach Feng Shui, damit Sie jeden Morgen frisch und erholt erwachen!

DAS BADEZIMMER

Am besten sind die Bäder in den Himmelsrichtungen Westen, Nordwesten, Norden und Osten geplant, da sie dem Element „Wasser" entsprechen, dass sich mit den Himmelsrichtungen des Metalls, Holzes und Wassers gut verträgt. Die Farben Blau und Weiß sollten für Bäder bevorzugt verwendet werden. Befindet sich das Bad im Osten, so sind auch Holz-und Grüntöne angebracht.

Wer allerdings ein Morgenmuffel ist und dem Erdelement angehört, wird es schätzen die Farben Gelb, Orange oder sogar Rot in das Bad zu holen.

Wenn Sie Ihren persönlichen Feng Shui-Master zu Rate ziehen, wird dies in dem Fall das Beste sein. Denn nicht nur die Himmelsrichtung, in der das Bad liegt, entscheidet mit, welche Farben benutzt werden, auch der Mensch und die Konstellationen der „Fliegenden Sterne", die ein jeder Berater ermitteln muss, um für Sie ein optimales Feng Shui zu erreichen.

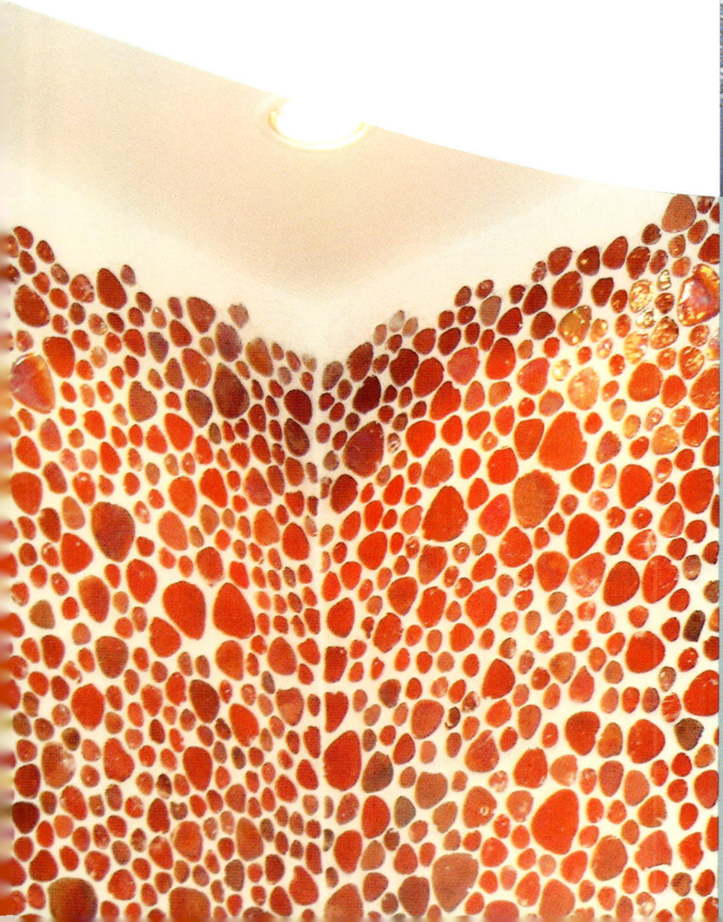

Das Element Wasser ist das dominierende Element in jedem Badezimmer. Laut Feng Shui kann, aber muss dies kein Problem sein: Halten Sie die Tür auf jeden Fall geschlossen, damit die Luft und damit auch das Chi des Bades sich nicht mit dem Sheng-Chi der anderen Räumen vermischt.

Nach den Regeln des Feng Shui sollte die Toilette, wenn möglich, weit weg von der Badezimmertür oder hinter einer halbhohen Wand positioniert werden. In erster Linie gilt hier die Fünftelung. Planen sie die Toiletten ausschließlich in der zu Anfang des Buches erwähnten Fünftelung und vermeiden Sie, diese auf die anderen Punkte des Hauses zu plazzieren! Aus Feng Shui-Sicht würde die Toilette in dem jeweiligen Himmelsrichtungsbereich den Bewohnern Ärger in den verschiedene Lebensbereichen bringen. Symbolisch gesehen würde die Energie dort „weggespült" werden, da die Wasserspülung der Toilette auch einen Abfluss des Chis bewirkt.

Planen Sie auf keinen Fall die Toilette an die Rückwand des Herdes. Das Badezimmer sollte nicht direkt neben der Küche, dem Esszimmer oder gegenüber dem Eingang liegen, da auf diese Weise unendlich viel Energie verloren ginge. In jedem Fall sollten Sie die Toilette nicht in die Hausecken planen und auch nicht so, dass sie im Blickpunkt stehen. Am besten sind sie rechtwinklig zur Tür platziert.

Meine Klientel bevorzugt meist ein Doppelwaschbecken. In der Tat ist dies eine Frage des morgendlichen und abendlichen Ablaufes. Wenn Sie sich zeitgleich bewegen, so ist dies sicherlich notwendig. In jedem Fall aber achten Sie darauf, dass Sie eine breite Ablage neben dem Waschbecken haben, um das Chi zu halten.

Wenn Sie zwischen Badezimmer und Schlafzimmer die Ankleide planen, so ist dies der beste Weg, um die Ruhe für den Schlafenden zu gewährleisten. Denn durch die glatten Oberflächen kann es zu hallenden, die Ruhe des schlafenden Partners störenden Geräuschen aus dem Badezimmer kommen.

In die Planung mit einfließen sollten Ihre Bedürfnisse. Viele meiner Klienten duschen mehr als sie baden. Das ist ganz natürlich. Dennoch sollten Sie nicht darauf verzichten, eine Badewanne auch für die medizinisch bedingte Regeneration mit einzuplanen. Ob Sie lieber gemeinsam baden, wie dies einige meiner Klienten gern tun oder lieber allein, bestimmt die Größe der Badewanne. Bei einem Whirlpool sollten Sie darauf achten, dass Warmluft statt Kaltluft das Wasser zum Sprudeln bringt. Von der Badewanne aus schauen Sie am besten in Richtung Tür. Haben Sie allerdings einen schönen Ausblick auf einen Fluss, See oder Teich, so wird die Badewanne so geplant, dass Sie sich fühlen, als wären Sie im „großen" Wasser. Ich habe mit dem Feng Shui-Architekten Pedro Outzoup aus Mallorca einige Villen geplant und ich kann Ihnen sagen, dass dies ein Vergnügen war, denn immer wieder wurde dieses Prinzip meisterlich angewandt. Natürlich sollten Sie auch Ihre Bedürfnisse bis ins Detail berücksichtigen. Wenn Sie gern auf der Toilette lesen, dann muss eine Ablage für die Zeitschriften eingeplant werden. Ein beheizter Toilettenring kann wichtig sein, wenn Sie Komfort bevorzugen. Ein nur durch Antippen sich selbst schließender Toilettendeckel kann die Energie im Raum bewahren und Geldverlusten vorbeugen.

Wenn Sie gern Wannenbäder bei Kerzenlicht nehmen, dann müssen die Abstellflächen für die Kerzen vorhanden sein. Wer gern Musik beim Zähneputzen oder im Wannenbad hört, sollte gleich für die Möglichkeit der Installation einer solchen Anlage sorgen. Meine Kinder nehmen beispielsweise immer Kerzenbäder und hören dazu Musik oder Hörspiele, essen Häppchen, trinken Tee oder Wasser und genießen wie ich das Baden.

Die Dusche kann praktisch und bequem sein. Hier fragt es sich, ob Sie gemeinsam duschen oder allein. Je nachdem wird die Größe der Dusche ausfallen. Sind Sie eher zierlich und duschen allein, so reicht eine kleine Dusche, wenn auch hier immer wieder runden Formen der Vorzug gegeben wird. Ein kräftig gebauter Mensch tut gut daran, wenn er viel Platz in der Dusche hat. Außerdem wird in jedem Fall das Alter der Personen und deren Beweglichkeit in der Planung eine Rolle spielen. Im Sinne eines guten Feng Shui könnten grundsätzlich alle Häuser auch rollstuhlgerechte Türdurchgänge haben und die Toiletten von vornherein für ältere Menschen mit Griffen versehen werden, wie auch die Wannen diese bekommen sollten, um den Ein- und Ausstieg zu erleichtern. Wer schon beim Planen rollstuhlgerecht denkt, sollte sich als Grundsatz vor Augen halten, dass er selbst dies wahrscheinlich nie benötigt und bei bester Gesundheit bleibt, aber möglicherweise Besucher mit Rollstühlen diesen Komfort schätzen werden.

Ist eine räumliche Nähe des Schlafzimmers zum Badezimmer nicht zu umgehen, sollte zumindest das Bett so weit wie möglich von den Wasserquellen entfernt aufgestellt werden. Regelmäßiges und ausreichendes Lüften sorgt nicht nur für Frischluft und Trockenheit, sondern fördert auch den positiven Energiefluss. Eine Feng Shui-Regel in Bezug auf die Toilette lautet, sowohl den Deckel als auch die Toilettentür immer geschlossen zu halten.

DIE PLATZIERUNG DER TOILETTEN

Fünftelung des Grundrisses

■ = hier können sich WCs befinden

■ = wenn ausreichende Belüftung möglich ist, können auch hier WCs sein

Fünfteln Sie jede Seite eines Hauses und ermitteln Sie so die schwarzen Felder, wo eine Toilette platziert werden kann, um keinen Ärger auf einem wichtigen Akupunkturpunkt zu verursachen. Es geht hier nicht um die Platzierung der Bäder, sondern lediglich um die Positionierung der Toiletten. Achten Sie peinlich genau auf die Fünftelung, um potentiellem Ärger vorzubeugen.

TOILETTEN AUF AKUPUNKTURPUNKTEN UND IHRE WIRKUNGEN:

Süden
Probleme mit der ältesten Tochter und Herzprobleme
Potentielle Anerkennungsprobleme

Südwesten
Probleme der Mutter und des Magens
Potentielle Partnerschaftsprobleme

Westen
Probleme mit der jüngsten Tochter und der Lunge
Potentielle Probleme rund um das Thema Kinder und Zukunftsprojekte

Nordwesten
Probleme den Vater betreffend und Lunge/Dickdarm
Potentielle Probleme mit Freunden und Helfern

Norden
Probleme mit dem mittleren Sohn und des Blasen-Nierensystems
Potentielle Probleme in Bezug auf die Karriereleiter

Nordosten
Probleme mit dem jüngsten Sohn und den Händen
Potentielle Probleme auf dem Wissenssektor

Osten
Probleme mit dem ältesten Sohn und dem Leber-Gallensystem
Potentielle Probleme im Bereich Gesundheit und Familie

Südosten
Probleme mit der ältesten Tochter und dem Leber- und Gallensystem
Potentielle Geldprobleme

DAS GÄSTEZIMMER

Die ideale Lage ist der Nordwesten. Fast jeder, der heutzutage ein Haus baut, kalkuliert ein zusätzliches Zimmer mit ein. Das sogenannte Gästezimmer. Es ist meist ein liebevoll eingerichteter Raum in dem die Gäste übernachten dürfen. Gemeint sind damit Bekannte, Verwandte, Freunde usw. Sollte es aber nur selten benutzt werden, so ist ein extra Gästezimmer nicht notwendig. Erstens gibt es auch schöne Gästezimmer im Ort und zweitens kann man auch den Wohnbereich mit ein paar Griffen zum nächtlichen Schlafbereich umwandeln. In meinem Haus kommt es vor, dass dreimal im Jahr Gäste übernachten. Warum sollte ich ein Zimmer extra für sie blockieren, das zur Gerümpelkammer verkümmern würde? Dies wäre energetisch nicht sinnvoll. Denken Sie einmal an die Futonmatten, die Sie jederzeit ausrollen können, wo auch immer Sie wollen und die nicht viel Platz wegnehmen oder denken Sie an die aufblasbaren Gästebetten, die auch schon sehr komfortabel sind. Je nachdem, wie Ihre Beziehung zum Thema Gästeübernachtung ist, werden Sie handeln. Feng Shui-Empfehlungen legen in jedem Fall nahe, dass, wenn Sie gern Gäste beherbergen und ihnen ein eigenes Zimmer gönnen, Sie dies auch als solches schön gestalten und keine Rumpelkammer daraus machen. Sorgen Sie dann auch für einen freien Schrankteil, einen Sessel, einen Tisch, Musik, einen Wasserkocher, evtl. einen kleinen Kühlschrank mit Getränken, etwas Obst in einer Schale und Blumen.
Wenn Sie sich für ein Gästezimmer entschieden haben, dann auch mit allen Liebenswürdigkeiten, die Sie sich selbst auch bei dem Anderen erhoffen würden.

DAS KINDERZIMMER

Beachten Sie die Ming-Kwa-Zahl des Kindes. Auch wenn im Allgemeinen ein Raum im Nordosten für Kleinkinder bis zum 6. Lebensjahr und im Westen für die älteren Kinder begünstigt ist, spielt doch die Ming-Kwa-Zahl die größte Rolle. So wird ein Kind der östlichen Lebensgruppe keinesfalls im Westen liegen, sondern eher im Osten oder Südosten.

WAS KINDER BRAUCHEN

Kinder brauchen ein ruhiges Umfeld, zu viele Farben machen nervös, hektisch und überaktiv. Kinder bis 7 Jahre erhalten Pastelltöne und Kuschelzonen, ein Himmelbett gibt Geborgenheit für Kleinkinder. Das Kopfende des Bettes sollte an einer Wand stehen. Achten Sie auf einen stabilen Holzschreibtisch der mitwächst. Dieser Schreibtisch steht möglichst mit dem Lichteinfall von links bei Rechtshändern und ermöglicht den Blick zur Tür. Spielsachen gehören zum Schlafen aus dem Blickfeld weggeräumt. Jugendliche brauchen Freiraum zum selbst gestalten (Poster, Musik). Die Kopfausrichtung des Bettes erfolgt nach der Ming- Kwa-Zahl.

WAS KINDER NICHT BRAUCHEN!

- keine spitzkantigen Gegenstände
- keine wilden und auch keine Dreiecksmuster
- keine Figuren und Bilder mit schrecklichen Szenen, Motive der Gewalt, des Hasses, der Aggression, Figuren mit Schwertern/Speeren
- das Bett gehört nicht an die Außen- oder Badezimmerwand
- keine offenen Steckdosen am Bett (es sei denn, Sie haben Netzfreischalter)
- keine umherliegenden Kabel
- keine Federkernmatratzen
- kein Telefon oder Fernseher im Kinderzimmer
- keine Satellitenschüssel an der Außenwand des Kopfendes
- keine schädlichen Materialien (statt PVC besser geöltes Holz/Linoleum)
- keine Kunstfaser-Teppichböden
- keine künstlichen Farben
- keine Schreibtischposition gegen eine Wand oder mit dem Rücken zur Tür

DAS ARBEITSZIMMER

Wählen Sie das Arbeitszimmer in einer Ihrer günstigen Richtungen nach Ihrer Ming-Kwa-Zahl aus. Da Sie oft viele Stunden in Ihrem Arbeitszimmer verbringen, sollten Sie viel Wert auf ein günstiges Feng Shui legen. Allgemein ist eine Lage des Arbeitszimmers im Nordwesten für Führungsqualitäten ideal. In der Himmelsrichtung Osten wird die Kommunikationsfähigkeit gefördert. Wer seine eigenen Ideen gut verkaufen möchte, sollte einen Arbeitsbereich im Süden schaffen, da diese Energie förderlich ist. Für die Konzentrationsfähigkeit sollten Sie Ihr Arbeitszimmer so planen, dass Sie mit dem Rücken zur Wand sitzen und mit dem Blick zur Tür oder diese zumindest seitlich von Ihnen einsehen können. Energie, die von verschiedenen Bürogeräten wie Fax, Telefon, Handy und Computer ausgehen, können mit dem Geosafe-System ausbalanciert werden.

Einen guten Schutz stellen auch die von dem Geobaubiologen Schäfer entwickelten Chi-Vitalitys dar – zu beziehen über www.moogk-design.de. Diese werden je nach Ihrem Geburtsdatum für Sie individuell herausgefunden. Nur durch positive Chi-Energien werden Ihre Aktivität und Konzentrationsfähigkeit gesteigert. Zusätzlich sind große Pflanzen mit runden Blättern günstig, die ein gutes Raumklima schaffen und auch Zimmerbrunnen.

Von einem Feng Shui-Meister werden diese nach Berechnung der „Fliegenden Sterne“ und mit Hilfe des chinesischen Kompasses, die exakte Blickrichtung vom Schreibtisch in den Raum ermittelt. Auch können so beispielsweise die „Geldpunkte“ gefunden und auch gestaltet werden, für ein Leben in Reichtum und Wohlstand.

WAS SIE BEI DER PLANUNG BEACHTEN SOLLTEN

die Sitzposition mit der Wand im Rücken und Blick zur Tür
die Qualität der Schreibutensilien reflektiert das Ansehen
Bilder sollten Würde und Autorität ausstrahlen
wählen Sie Ihren Arbeitstisch aus Holz in stabiler Qualität

VERMEIDEN SIE

zu viele Fenster
eine Sitzposition in gerader Linie zur Tür/Fenster
offenliegende Kabel
Balken über dem Kopf
Glas- oder Acryltische

DER WINTERGARTEN

Sie sollten einen Wintergarten seitlich am Haus anbauen, nicht jedoch auf der Sitzseite des Hauses. Die besten Himmelsrichtungen hierfür sind Osten, Südosten und Süden.

Am besten gehen die Scheiben des Wintergartens nicht bis auf den Boden. Ließ sich dies nicht vermeiden oder war es optisch gewünscht, so sind es Pflanzen, Kristalle in den Fenstern und Gardinenstoffe, die das Chi wieder bremsen.

Achten Sie darauf, dass keine Stützsäule, die vielleicht das Obergeschoss trägt, den Chifluß des Wintergartens stört. Sorgen Sie für eine gute Beschattung im Sommer und für eine Kältebrücke zum Haupthaus im Winter.

Wenn der Wintergarten mit zum Wohnzimmer gehört sollten der Boden warm sein und dicke, bequeme Korbmöbel und Sessel dort stehen. Da der Wintergarten mit seinen großen Glasflächen das Element Wasser symbolisiert, sind grüne Farben, rote Akzente und warme Materialien hier ausgleichend. Je nach der Richtung, in die der Wintergarten geplant ist, wird auch die farbliche Ausstattung erfolgen:

Im Süden: Grün, Rot und Gelb
Im Südwesten und Nordosten: Rot, Gelb, Beige, Braun
Im Westen und Nordwesten: Gelb, Beige, Orange, Braun, Weiß,
Im Osten und Südosten: Blau, Grün und Rot

Im Norden sollten Sie keinen Wintergarten anbauen. Im Einzelfall fragen Sie Ihren Feng Shui-Meister!

KRAFTPLÄTZE
INNERHALB DES HAUSES

Schaffen Sie Kraftplätze innerhalb des Hauses. Im Wohnzimmer ist es ein Platz für Bilder der Familie, vielleicht eine Kerze dazu und Gegenstände, die Ihnen lieb und heilig sind. Dasselbe gilt für einen Platz im Schlafzimmer. Hier steht der „Ehe- oder auch Partnerschaftsaltar". Schaffen Sie dort einen Platz mit dualen Gegenständen, wie beispielsweise zwei Kerzen oder zwei Herzen zu einem Bild von Ihnen und Ihrem Partner/In.

Einen „Reichtumsplatz" schaffen Sie im Südosten mit einer großen Pflanze, einem Reichtumsbuddha, Feng Shui-Münzen und Wasser. Ihr Feng Shui-Berater wird Ihnen auch den für Sie speziellen Platz nach der Berechnung der „Fliegenden Sterne", des „Feixing-Pei", angeben.

RITUALE

ÜBERNAHME VON HÄUSERN ANDERER

Jeder noch so leer erscheinende Raum ist ein Schwingungsfeld, besteht aus sich überlappenden Energiefeldern. Wenn in den Räumen noch Gegenstände von den Vorbesitzern sind, so sind diese angefüllt mit Gedanken und Gefühlen. Auch lange noch, wenn die Bewohner schon längst nicht mehr da sind. Emotionen behalten ihre Energiemuster und sie speichern sich in Möbeln, Teppichen und Tapeten. Selbst der Dielenboden hat schon so einiges erlebt. Die verbliebenen Energiefelder sind ein Abdruck der Gefühle und des Erlebten der Vorbesitzer. Sie beeinflussen das emotionale Geschehen in den Räumen. Deshalb sollten Sie leere Räume übernehmen, oder gewiss sein, dass das, was Sie übernehmen mit einem fruchtbaren Geist der Vorbesitzer gesegnet wurde. Natürlich kann man einen Schreibtisch übernehmen, wenn der Schreiber an diesem Platz erfolgreich war oder die Menschen glücklich in diesen Räumen gelebt haben. Alle Denkmuster, Persönlichkeitsstrukturen und Erlebtes sind in Haus und Garten abgespeichert.

TIPP

Entfernen Sie alte Teppichbodenbeläge oder reinigen Sie diese nass mit einem entsprechenden Gerät. Entfernen Sie alte Tapeten. Wischen Sie die Türen feucht ab und reinigen Sie insgesamt alles feucht. Tun Sie das, um auf der materiellen, physischen Ebene schon einen Teil Energiearbeit zu betreiben, um das Glück der Bewohner sicherzustellen.

Bevor Sie also ein Haus renovieren, sollten Sie es zunächst neben der physischen Reinigung auch der spirituellen Reinigung unterziehen und die alten Energiemuster damit löschen, um neue Energien, Ihre Absichten, Gefühle und Gedanken in die Räume zu bringen. Sie kündigen so auch dem Haus an: Jetzt sind wir da!

Suchen Sie sich zunächst aus dem Feng Shui-Kalender, den ich jedes Jahr neu herausgebe, einen günstigen Tag zum Räuchern aus.

DER FENG SHUI KALENDER

Seit dem 9. Jahrhundert gibt es den chinesischen Mondhauskalender. Er gibt Informationen über den Verlauf der Zeit, über günstige und ungünstige Tage. Die Geschichte reicht bis zu 2250 v. Chr. zurück. Der Legende nach hat der gelbe Kaiser Huangdi im Jahre 2637 v. Chr. seinen Berater Da Nao beauftragt, das System der 10 Himmelsstämme und 12 Erdzweige zu erstellen, die in ihrer Kombination 60 verschiedene Energiezustände repräsentieren. So wurde es möglich, die Zeit darstellbar zu machen und damit war die Grundlage für den ***Wannianli*** gelegt.

Verändern sich die Bedingungen des Wassers (Erdzweige) und des Himmels (Himmelsstämme) entstehen die Kombinationen der 28 Mondhäuser mit ihren Wandlungsphasen Wasser, Metall, Holz, Feuer und Erde. Bei der Bestimmung von günstigen Tagen bilden die 10 Himmelsstämme und die 12 Erdzweige 60 verschiedene Kombinationen. Die letztgenannten fünf Wandlungsphasen haben Einfluss auf die Qualität des Tages. Das Element des Tages wird von den himmlischen Stämmen gebildet.

Die 28 Mondhäuser wiederholen sich über das ganze Jahr, so dass sich immer günstige und weniger günstige Tage abwechseln und wiederkehren in immer wechselnden elementaren Bedeutungen. So kommen Bedeutungen zustande, die einerseits Tage des Überflusses, des Friedens, der Festigung, der Fertigstellung und des sich Öffnens beinhalten, andererseits Tage, die ungünstiger sind und Gefahr verheißen. Möchten Sie beispielsweise bauen, den Grundstein für Ihr Haus legen, so sollten Sie dies auch an einem glückverheißenden Tag tun. Wer sein Geschäft eröffnen, umziehen, ein Hausritual oder eine Feier begehen möchte, sollte um das Mondhaus des Tages wissen, um sich die himmlische Unterstützung mit auf den Weg zu nehmen.

DAS REINIGEN DER RÄUME, AUCH BEI ERSTBEZUG EINES NEUBAUS

Bereiten Sie in den besenreinen Räumen Schalen vor, Stumpenkerzen in hohen Gläsern, die am Boden mit Sand gefüllt sind, damit sie dort auch noch in den Räumen verbleiben können, wenn Sie bereits gegangen sind, Räuchermittel, ein Kaminfeuerzeug und Steinsalz (z.B. Himalayasalz, kein chemisch hergestelltes Salz!) und Räuchermittel. Sie benötigen pro Raum ca. ein halbes bis ein Pfund Salz, je nach Größe des Raumes.

Sie benötigen pro Raum eine Schale, am besten eignen sich hierzu gebrauchte Blumenschalen aus Cotto, oder nicht glasierte Übertöpfe aus Ihrem vorherigen Domizil. Füllen Sie die Schale mit Sand oder besser noch mit Erde. Am besten bringen Sie Gartenerde von dem Grundstück mit, wo Sie vorher, vielleicht noch zur Miete gewohnt haben oder eine Eigentumswohnung hatten.

Ein paar Kieselsteine am Boden sind günstig, damit die Schale nicht zu heiß wird. Dann füllen Sie die Schale zu dreiviertel mit Erde. Stellen Sie die Schale auf eine feuerfeste Unterlage, beispielsweise einen Backstein, denn auch mit der Erde kann die Schale heiß werden. Stellen Sie diese in das Zentrum des Raumes, in das Tai Chi. Pro Raum bereiten Sie auf diese Weise eine Schale vor. Legen Sie auf die Erde Kohlenstückchen. Sie finden Adressen hierzu im Anhang. Pro Schale benötigen Sie fünf große Stückchen Kohle. Fünf ist die Zahl der Erde, deshalb benutzen Sie genau diese Anzahl, denn das Haus ist ebenfalls ein Erdkörper, mit dem Sie sich physisch und emotional verbinden wollen. Diese Spezialkohle hat einen Selbstzündungsmechanismus. Zünden Sie diese von der Unterseite her an. Am besten kaufen Sie sich hierzu eine Kohlenzange, um die Kohle besser halten zu können oder auch, um sich nicht zu verbrennen. Ich benutze zum Anzünden Feuerzeuge, die zum Anzünden von Kaminfeuern gedacht sind. Sie sind lang genug und haben eine entsprechend große Flamme, um das Anzünden der Kohle schneller in Gang zu setzen. Kohle für Kohle wird so angezündet. Dann legen Sie die Kohle mit der Unterseite wieder auf die Erde. Formen Sie einen Kreis damit. Wenn die Kohle durchgeglüht ist, können Sie Ihre Räucherung darauf legen. Neben Myrrhe, Weihrauch und Beifuß gibt es auch schon fertige „Reinigungsräucherungen" zu kaufen, die Sie im Anhang finden. Pro Kohle geben Sie ein Häufchen Räucherwerk in die Mitte der Einbuchtung der Kohle.

Sie selbst sollen eine kleine Schale nehmen, die an einer Kette befestigt ist, auch diese Gefäße gibt es aus Metall fertig zu kaufen. Hier ist ebenfalls Erde enthalten und eine Kohle mit Räucherwerk. Mit Ihrer eigenen kleinen Schale gehen Sie, diese schwenkend, Runden gegen den Uhrzeigersinn in dem jeweiligen Raum, in dem in der Mitte die bereits das Räucherwerk verbrennende Schale steht. Stellen Sie sich vor, wie rein und klar der Raum wird und hegen Sie positive Gedanken und Gefühle dem Raum gegenüber. Sie können dabei auch „Om mani padme hum", rezitieren oder sogar laut tonieren wie einen Mönchsgesang. Wenn Sie fertig damit sind, stellen Sie Ihr eigenes, kleines Schwenkgefäß ab und streuen das Salz der Reinigung entlang der Wände. Zünden Sie dann eine der Stumpenkerzen an und legen noch einmal Räucherung im Gefäß der Raummitte nach und gehen dann aus dem Raum, indem sie die Tür hinter sich zuziehen. So geht dies Raum für Raum. Wenn Sie sich nun aber fragen sollten, warum Sie „Om mani padme hum" rezitieren sollten, so habe ich bei Wikipedia für Sie eine Erklärung hier niedergeschrieben. Ob Sie dies tun oder nicht: Ihre Absicht der Reinigung zählt, das ist entscheidend und entscheidend ist auch, dass Sie sich mit den Räumen verbinden und bereit sind, dass Karma der Räume der Vorgänger aufzulösen. Wenn Sie nicht selbst räuchern wollen, so holen Sie sich professionelle Hilfe. Ich stehe Ihnen mit meinem Team in Deutschland und anderen europäischen Ländern zur Verfügung.

Versichern Sie sich in jedem Fall, dass die Kerzen wirklich feuersicher stehen und nichts anbrennen kann. Wenn dies der Fall ist, dann lassen Sie die Kerzen mit dem Element Feuer, das von ihnen ausgeht, über Nacht dort stehen. Die Seele des Hauses wird so gewärmt. Am nächsten Tag bringen Sie alles hinaus, verstreuen Erde und Asche auf den Beeten und sammeln die Kerzen, die Sie nun in diesem Haus belassen oder nach dem Umbau wieder in das Haus bringen. In der Zwischenzeit können Sie schon auf dem Grundstück stehen bleiben. Das Salz saugen Sie ab und entleeren den Staubsaugerbeutel im Müll.

Hier aus „Wikipedia" die Bedeutung des Begriffs „Om mani padme hum":

OM MANI PADME HUM

om mani padme hum, ist ein Mantra in Sanskrit, das dem buddhistischen Bodhisattva des Mitgefühls Avalokiteshvara zugeordnet wird. Es ist das älteste und bis heute populärste Mantra des tibetischen Buddhismus und bedeutet Heil und Segen in der Anrufung der Bodhisattva. Om löst das Karma auf.

Ich selbst räuchere für meine Klientel auf verschiedene Weise. Dies aber ist die gebräuchlichste Form und für Sie auch leicht nachvollziehbar. Auch wenn ich im Auftrag der Besitzer räuchere, möchte ich allein sein, um mich voll und ganz auf die Seele der Räume und des Ortes einstimmen zu können.

WENN DIE HANDWERKER FERTIG SIND

Nachdem der letzte Handwerker das Haus verlassen hat, wird noch einmal eine solche Reinigungs-Räucherung vorgenommen, um das Haus wieder von Fremdenergien zu reinigen.

RÄUCHERUNGEN VOR DEM EINZUG

Wenn Sie einziehen wollen, mit einem günstigen Mondhaustag, dann ist entscheidend, wann Sie die ersten Dinge in das Haus tragen, um dort zu nächtigen. Die erste Nacht in diesem Haus ist entscheidend. Achten Sie auf Ihre Träume so, als wenn Sie im Urlaub sind und auch dort bekannterweise auf Ihre Träume achten sollten, weil Sie Ihnen etwas mitteilen wollen.
Dieses Räuchern können Sie begleiten mit den Worten: „Ich bitte um den Segen des Himmels, für Ruhe, Frieden, Gesundheit und Glück der Bewohner. So sei es!"

Bringen Sie dann schon am ersten Einzugstag auch Blumen in das Haus, die ätherischen Kräfte.

SPEZIELLE RITUALE DER HAUSEINWEIHUNG – FESTE MIT FREUNDEN UND DER FAMILIE

Die Hauseinweihung als gemeinsames Fest kann auch erfolgen wenn Sie schon eingezogen sind. Alle günstigen Mondhaustage stehen im Feng Shui-Kalender www.moogk-design.de.

DAS HAUSEINWEIHUNGSRITUAL FÜR DIE BEWOHNER

Verstehen Sie dieses beschriebene Hauseinweihungsritual als eine Möglichkeit von vielen. Wenn Sie möchten, so beauftragen Sie einen Feng Shui-Meister zur Ausführung des Rituals. Wenn gewünscht, kann es auch sehr gut mit einem Livetrommler und einem Drachentanz, begleitet werden. Fragen Sie gern in unserem Institut nach, welche Möglichkeiten es speziell für Ihre Hauseinweihung gibt.

MÖGLICHE VORGEHENSWEISE FÜR EIN HAUSREINIGUNGSRITUAL

Datum bestimmen nach dem Feng Shui-Kalender.
Freunde/Verwandte einladen.
Verschicken der Einladung mit roter Karte und goldener Schrift in einem roten Umschlag (Gold ist die Sonne, Yang die Freude – und Rot ist die Farbe des Lebens!). Schreiben Sie wann das Fest anfängt und wann es aufhört (23 Uhr ist offiziell die beste Endzeit). Gäste sollen sich bereits Haus-

wünsche ausdenken, die sie auf rotes Papier mit goldener Schrift schreiben und zum Fest mitbringen. Blumen als Geschenke sind willkommen, entweder Schnittblumen oder blühende Topfpflanzen. Willkommene Pflanzengeschenke: Gerbera, Schwertfarn, Efeu, Dieffenbachie, Birkenfeige, Drachenbaum, Gummibaum, Philodendron, Chrysantheme, Aloe Vera, Schefflera, Flamingoblume, Zwergdattelpalme, Friedenslilie (diese Pflanzen arbeiten auch Schadstoffe auf, die von Möbeln, Polsterstoffen etc. ausgehen können). Oder Sie wünschen sich grüne Pflanzen wie Grünlilie, Gerbera, Philodendron und Chrysanthemen, die ebenfalls Schadstoffverarbeiter sind (siehe im Buch „Feng Shui und Gesundheit“).

Bereithalten von Essen, Getränken, Räucherungen.

Schaffen Sie einen „Altarplatz“, der mit Kerzen, Blumen und Früchten geschmückt wird. Wenn Sie einen Bezug zu christlichen Figuren haben sollten, so steht hier eine Madonna oder ein Jesus auf diesem Platz. Sollten Sie einen Bezug nach Asien haben, so steht hier ein Buddha.

Am Tag der Zeremonie:
Das Haus ist geputzt, die Bewohner haben gebadet und frische Kleidung an. Die ankommenden Besucher müssen über eine auf der Hausschwelle befindliche Räucherschale über deren Rauch steigen. Oder Sie selbst halten die Räucherschale und fächeln den Rauch jedem Gast um seinen Körper, um ihn zu „reinigen“. Bevor sie in das Haus eintreten wird ihnen mit einer großen Feder der Rauch zugefächelt. Man bittet den Gast sich dabei zu drehen, so dass er vollkommen „gereinigt“ das Haus betritt.

Die Gäste bekommen einen Willkommenstrunk.
Wenn alle Gäste bei einem Umtrunk versammelt sind, halten Sie eine Rede über den Sinn der Hauseinweihung und bitten alle Anwesenden, positive Gedanken in das Haus zu tragen. Dann laden Sie zu einem Rundgang durch das Haus ein. Schämen Sie sich nicht für Ecken, in denen noch nicht alles fertig ist.

Bitten Sie die Gäste ihre vorformulierten Wunschbriefe mit auf die Reise durch das Haus zu nehmen, damit die Wünsche jeden Raum des Hauses erreichen, wenn Sie ihnen alle Räume zeigen (auch die Kellerräume!). Fangen Sie am besten im Keller an und enden im Dachboden. Kein Raum sollte ausgelassen werden. Überall dürfen die Gäste einen Blick „hineinwerfen“.

Danach: Bereiten Sie eine Feuerschale im Garten vor. Am besten im Süden des Hauses. Wenn das Feuer brennt, so sammeln Sie die Wünsche ein. Verabreden Sie sich, wer von der Familie vorliest. Am besten kommt jeder einmal dran und Sie wechseln sich ab. Jeder Wunsch, der laut vorgelesen wurde, wird mit Dank dann an das Feuer weitergegeben, wo dieser im Feuer verbrennt und zum großen Geist hin aufsteigt. Der große Geist segnet das Haus!

Danach sind Sie frei zu tanzen, zu singen und zu essen.
Das Fest endet um 23 Uhr, denn jetzt beginnt die Mitternachtsstunde. Die Zeit der großen „Leere“.

Zum Abschluss wird allen Gästen der Dank ausgesprochen und die beteiligten Menschen werden so wieder in den Alltag zu ihrer Erdung zurückgeführt.

Am nächsten Tag werden die Pflanzen erfrischt und der Raum beduftet. Sie können hierzu zum Beispiel von der Firma Pascoe fertige Raumöle, von Primavera Raumdüfte oder aus dem Aura-Somabereich Öle beziehen, die die Räume mit frischen Energien anreichern. Wir selbst halten für diesen Zweck für unsere Klientel auch immer eine Reihe an Raumdüften bereit. Sie können sich auch selbst auf einen Liter Wasser eine Zitrone, eine Pampelmuse und eine Limette ausdrücken. Das Ganze gut durchschütteln und dann in den Räumen versprühen.

Alle Anregungen sollten Sie für Ihre Bedürfnisse abstimmen. Ihnen viel Glück und Freude bei der Durchführung eines für Sie angemessen erscheinenden Rituals.
Ihre Olivia Moogk

ADRESSEN, DIE WEITERHELFEN

Feng Shui Beratungen und Ausbildungen
Feng Shui Accessoires und Bücher:
Internationales Feng Shui Institut Moogk
Breslauer Str. 2B
65307 Bad Schwalbach
Telefon: 06124-725380
Fax: 06124-725382
Mail: fengshuimoogk@fengshuimoogk.de
Internet: www.fengshuimoogk.de

Feng Shui Bilder, Accessoires, Bücher, Chilines etc.:
www.moogk-design.de

Feng Shui Möbel:
Willy Bechteler Schreinerei GmbH
Am Fichtenholz 5
87477 Sulzberg
Telefon: 08376-920220
Fax: 08376-920223
Mail: info@bechteler.de
Internet: www.bechteler.de

Gesunde und bioenergetisch wirksame Hölzer zum Bauen und für einen gesunden Schlaf:
Vital-Life Europe GbR
Ingeborg u. Harald Klein
Wasserkuppenstr. 25A
36043 Fulda
Telefon: 0661-2503250
Fax: 0661-2503211
Mail: info@vital-life.de
Internet: www.vital-life.de

Maler für Verputze und feinste Innenraumgestaltung auch mit Le Corbusier-Farben:
Wolfgang Dietzel
Gröninger GmbH
Riegelsgasse 7
63694 Limeshain
Telefon: 06048-950617
Fax: 06048-950617
Mobil: 0171-4432695
Mail: dietzel@edler-raum.de
Internet: www.groeninger-gmbh.de

Möbel vom Feinsten, Treppengeländer, Böden, Küchen mit Ambiente:
Wagner Möbel Manufaktur GmbH & Co. KG
Rubihornstr. 4-6
87719 Mindelheim
Telefon: 08261-76950
Fax: 08261-6911
Mail: info@wagner-moebel.de
Internet: www.wagner-moebel.de

Engagierte und talentierte Innenarchitektin:
Eva Kramb
Voltastr. 69b
60486 Frankfurt am Main
Telefon: 069-71034120
Mobil: 0171-9224441
Mail: eva.kramb@unitybox.de
Internet: www.interiordesign.de.to

Produkte gegen Elektrosmog:
Biologa Elektrotechnik GmbH & Co. KG
Dorfstr. 42
79801 Hohentengen-Stetten
Telefon: 07742-85010
Fax: 07742-850126
Mail:info@biologa.de
Internet: www.biologa.de

Individuelle Architektur in Fertigbauweise:
Platz Haus 21 GmbH
Platzstr. 6
88348 Bad Saulgau
Telefon: 07581-2010
Fax: 07581-201123
Mail: info@platz.de
Internet: www.platz.de

Wohlfühlhäuser in Holz und Dachaufstockung:
Fritz Stenger GmbH
Hauptstr. 7
63872 Heimbuchenthal
Telefon: 06092-97110
Fax: 06092-971110
Mail: info@fritzstenger.de
Internet: www.fritzstenger.de

Die Website über's Dach:
Internet: www.dach.de

Institut für Geo-Baubiologie:
Internationales Institut für Geobaubiologie
Dieter Schäfer
Lensbachstr. 40 & 47
52159 Rott bei Aachen
Telefon: 02471-921421
Fax: 02471-921422
Mail: info@geobaubiologie.de
Internet: www.geobaubiologie.de

Fassaden-, Wand- und Illusionsmalerei:
Wandelmaler – Alfred Opiolka
Memmingerstr. 45
87439 Kempten
Telefon: 0831-5239188
Mobil: 0174-3306232
Mail: info@wandelmaler.de
Internet: www.wandelmaler.de

Belebtes Wasser:
Grander Wasserbelebung
Innutec GmbH
Bergwerksweg 10
A-6373 Jochberg
Telefon: +43 (0) 5355-5615
Fax: +43 (0) 5355-5459
Mail: info@grander.at
Internet: www.grander.com

Gesunde Matratzen, auch nach Feng Shui Maßen:
Recticel Schlafkomfort GmbH – sembella
Schlaraffia-Str. 1-10
44867 Bochum
Telefon: 09001-101318
Mail: info@sembella.de
Internet: www.sembella.de

Raumöle, Raumdüfte, Naturmedizin, Naturkosmetik:
Pascoe pharmazeutische Präparate GmbH
Schiffenberger Weg 55
35394 Giessen
Telefon: 0641-79600
Fax: 0641-7960123
Mail: info@pascoe.de
Internet: www.pascoe-global.com

Primavera Life GmbH
Naturparadies 1
87466 Oy-Mittelberg
Telefon: 08366-89880
Fax: 08366-89884099
Mail: info@primaveralife.com
Internet: www.primaveralife.com

Aura-Soma Generalvertretung Deutschland
Camelot, Colour & Light, Farb- und Duftessenzen GmbH
Gohrstr. 24
42579 Heiligenhaus
Telefon: 02056-93140
Fax: 02056-931444
Mail: info@camelot-cl.de
Internet: www.aurasoma.de

FÜR SIE ENTDECKT

ÖkoAllianz

Die ÖkoAllianz UG (haftungsbeschränkt) ist ein junges Unternehmen, welches sich zum Ziel gemacht hat 100% ökologische Häuser zu bauen. Es geht dabei nicht nur allein darum Häuser zu bauen, es geht auch darum in einem Haus gesund zu leben und dies mit einem riesigen Wohlfühlfaktor. Wir wollen mit dem was wir tun auch unserer Verantwortung nachkommen, unseren Erben eine Welt zu hinterlassen, in der es sich lohnt zu leben und es ein leichtes ist nachhaltig und sinnvoll mit der Natur umzugehen.

Um solche ehrgeizigen Ziele zu erreichen, arbeitet die Öko-Allianz mit verschiedensten alliierten Partnern zusammen, die ebenfalls einen Beitrag dazu leisten wollen, unsere Welt zu verbessern. Kontakt: kai_ulrich_comprix@freenet.de

Lehm-Hanf-Holzhaus-Konzept
Wir bauen im Wesentlichen mit Holz, Lehm und 100% reiner Hanfdämmwolle. In Nassbereichen arbeiten wir mit Kalk ohne Zementzusätze. Wir verzichten vollständig auf Weicholz- und OSB-Platten. Wir verzichten vollständig auf Folien und Schäume. Kontakt: www.ökoallianz.de

DANKSAGUNG

Ich danke herzlich dem Blottner Verlag dafür, das Wagnis eingegangen zu sein und dieses Buch veröffentlicht zu haben. Mein Dank geht auch an die Innenarchitektin Frau Eva Kramb, die mit Bildmaterial zur Seite stand und keine Mühen gescheut hat, um pünktlich zur Abgabe fertig zu sein. Für das Korrekturlesen danke ich auch insbesondere Ulrike Stapf, die sehr kritisch das Buch unter die Lupe genommen hat.
Die Erkenntnisse über die Gitternetze und die dazugehörigen Unterlagen hat mir für dieses Buch unser Rutengängermeister, Herr Schuck, zur Verfügung gestellt, dem ich herzlich dafür danke.
Ich danke an dieser Stelle auch allen Menschen, die das Buch gekauft haben und freue mich, wenn es ihnen Nutzen bringt und wenn sie es weiterempfehlen.

Die Verwendung des Bildes auf dem Buchumschlag erfolgte mit freundlicher Genehmigung von Herrn Professor Dipl.-Ing. Johannes S. Fritz, Architekt (Wohnatelier Prof. Fritz in Bad Schwalbach/Taunus). Ich danke ihm für seine willkommene nachbarschaftliche Unterstützung, vor allem in Form von wertvollen Hinweisen zum Inhalt dieses Buches. Sehr hörenswert ist von ihm auch das Lied: „Das Leben ist ein Haus im Bau“ (Text u. Musik : Johannes S. Fritz, 1999). Sie können es auch auf Youtube anhören. Er hat es uns in ganzer Länge zu unserer eigenen Hauseinweihung vorgespielt und es war ein Genuss, ihm zuzuhören. Danke, Herr Fritz!

IMPRESSUM

Der Verlag bedankt sich für die zur Verfügung gestellten Bilder bei:

Thomas Drexel: S. 27; Beate und Markus Rühl: S. 15, 101; Archiv Fachschriften Verlag GmbH & Co. KG: S. 60, 61; Missel: S. 113; Armstrong: S. 119; Beckermann: S. 123; Rational: S. 124; Schöner wohnen Farbe: S. 125; Steulet: S. 127; Wintergarten Fachverband Rosenheim: S. 132; iStockPhoto: S. 43, 62, 72, 93, 115, 117, 135; Britta Blottner: S. 7, 9, 11, 23, 24, 26, 32, 51, 94

Alle anderen Bilder und Zeichnungen: Olivia Moogk

Titelbild : Prof. J. Fritz, Bad Schwalbach

Lektorat: Eberhard Blottner

Gestaltung & Satz: naderer communication, Tragwein

Druck fgb – freiburger graphische betriebe, Freiburg/Br.

Bibliographische Informationen der Deutschen Bibliothek

Die Deutsche Bibliothek verzeichnet diese Publikation in der Deutschen Nationalbibliographie; detaillierte bibliographische Daten zu diesem Werk sind im Internet unter http://dnb.ddb.de abrufbar.
D-65232 Taunusstein
E-Mail: blottner@blottner.de / URL: www.blottner.de
ISBN 978-3-89367-128-1 / Printed in Germany

Wir engagieren uns für den Klimaschutz

In den letzten Jahren ist der Klimawandel mit seinen weitreichenden Folgen für uns und vor allem unsere nachfolgenden Generationen immer mehr zum Thema geworden. Die Auswirkungen sind bereits jetzt spürbar – Wetterextreme, sich verschiebende Jahreszeiten, Erderwärmung. Auch wenn diese Entwicklungen nicht mehr völlig aufzuhalten sind, müssen wir – auch als Verlag – aktiv werden.

Die freiburger graphischen betriebe, die Druckerei, in der dieses Buch produziert wurde, beteiligen sich an der Klimainitiative der Druck- und Medienverbände Deutschland und bieten die Möglichkeit, Buchproduktionen klimaneutral herstellen zu lassen. »Klimaneutral« bedeutet den Ausgleich von Treibhausgasen bzw. die Neutralisation durch die Einsparung einer bestimmten CO_2-Menge an anderer Stelle. Da die Wirkungen des Treibhauseffektes global schädigen, ist es irrelevant, an welchem Ort der Welt Emissionen entstehen und wo sie dann letztendlich eingespart werden. Der gesamte Prozess des Ausgleiches von Treibhausgasen basiert auf dem Kyoto-Protokoll von 1997. Wir haben nun die Möglichkeit, für jedes Druckprodukt den genauen Wert des CO_2-Ausstoßes, der auf den Produktionsprozess in der Druckerei und deren Materialeinsatz zurückzuführen ist, zu ermitteln. Mit Hilfe eines vom Bundesverband der deutschen Druckindustrie entwickelten Rechners, mit dem viele Faktoren erfasst werden – Energieverbrauch, Farbe, Papier, Transportwege oder Einsatz von Personal – wird am Ende der Buchproduktion ein Wert ermittelt, der die relevante Wertschöpfungskette für die technische Herstellung des Buches umfasst und den durch die Produktion verursachten CO_2-Ausstoß nachweist.

Für diesen Wert bezahlen wir als Verlag einen Ausgleich, der dann in anerkannte und zertifizierte Klimaschutzprojekte fließt. Die Zertifizierung erfolgt durch die Organisation firstclimate (www.firstclimate.com) und wird durch das Logo »Print CO_2« angezeigt.

Die aus dem Druck dieses Buches resultierende Klimaabgabe fließt in das Klimaschutzprojekt „Windenergie in Yuntdag, Türkei“.

Print CO_2 kompensiert
Id-Nr. 1111943
www.bvdm-online.de